# Collins

# Big book of
# Crosswords

Book
4

Published by Collins
An imprint of HarperCollins Publishers
Westerhill Road
Bishopbriggs
Glasgow G64 2QT
www.harpercollins.co.uk

10 9 8 7 6 5

© HarperCollins Publishers 2018

All puzzles supplied by Clarity Media

ISBN 978-0-00-832387-5

Printed and bound by CPI Group (UK) Ltd, Croydon CR0 4YY

The contents of this publication are believed correct at the time of printing. Nevertheless the publisher can accept no responsibility for errors or omissions, changes in the detail given or for any expense or loss thereby caused.

A catalogue record for this book is available from the British Library.

If you would like to comment on any aspect of this book, please contact us at the above address or online.
E-mail: puzzles@harpercollins.co.uk

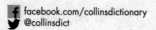

facebook.com/collinsdictionary
@collinsdict

# PUZZLES

# PUZZLE 1

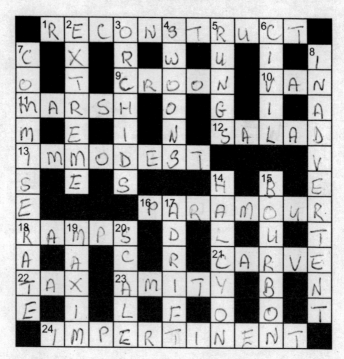

|   | R | E | C | O | N | S | T | R | U | C | T |   |
|---|---|---|---|---|---|---|---|---|---|---|---|---|
| C |   | X |   | R |   | W |   | U |   | I |   | I |
| O |   | T |   | C | R | O | O | N |   | V | A | N |
| M | A | R | S | H |   | O |   | G |   | I |   | A |
| M |   | E |   | I |   | N |   | S | A | L | A | D |
| I | M | M | O | D | E | S | T |   |   |   |   | V |
| S |   | E |   | S |   |   |   | H |   | B |   | E |
| E |   |   |   | P | A | R | A | M | O | U | R |   |
| R | A | M | P | S |   | D |   | L |   | U |   | T |
| A |   | A |   | C |   | R |   | C | A | R | V | E |
| T | A | X |   | A | M | I | T | Y |   | B |   | N |
| E |   | I |   | L |   | F |   | O |   | O |   | T |
|   | I | M | P | E | R | T | I | N | E | N | T |   |

## Across

1   Rebuild (11)
9   Sing softly (5)
10  Small truck (3)
11  Waterlogged area of land (5)
12  Dish of mixed vegetables (5)
13  Lacking humility (8)
16  Lover (8)
18  Slopes (5)
21  Cut a joint of meat (5)
22  Burdensome charge (3)
23  Friendship (5)
24  Rude (11)

## Down

2   Exceptional; not usual (7)
3   Flowers (7)
4   Faints (6)
5   Steps of a ladder (5)
6   Polite (5)
7   Express sympathy (11)
8   Unintentional (11)
14  Marked by prosperity (of a past time) (7)
15  Kind of whisky (7)
17  Floating freely (6)
19  Principle of conduct (5)
20  Climb (5)

# PUZZLE 2

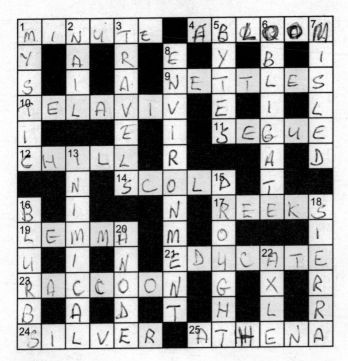

## Across

1 Sixty seconds (6)
4 Covered in flowers (6)
9 Stinging plants (7)
10 Israeli city (3,4)
11 Smooth transition (5)
12 Cool down (5)
14 Tell off (5)
17 Smells strongly (5)
19 Assumed proposition (5)
21 Teach (7)
23 Nocturnal carnivorous mammal (7)
24 Chemical element with symbol Ag (6)
25 Greek goddess (6)

## Down

1 Believer in the occult (6)
2 Small metal spike (4)
3 Makes a journey (7)
5 Computer memory units (5)
6 Morally compel (8)
7 Misdirected (6)
8 Milieu (11)
13 Harmful in effect (8)
15 Period of prolonged dryness (7)
16 Promotional book descriptions (6)
18 Long mountain chain (6)
20 Positive electrode (5)
22 Shaft on which a wheel rotates (4)

# PUZZLE 3

|   |   |   |   |   |   |   |   |   |   |
|---|---|---|---|---|---|---|---|---|---|
| ¹G | I | ²R | L | ³S |   | ⁴C | O | R | ⁵D | I | ⁶A | L |
| L |   | E |   | H |   | H |   |   | E |   | R |   |
| A |   | F |   | R |   | O |   | ⁷S | C | R | E | W |
| ⁸D | I | R | T | I | E | S | T |   | R |   | A |   |
| D |   | A |   | M |   | E |   | ⁹M | E | N | S | A |
| ¹¹E | S | C | A | P | I | N | G |   | E |   |   | U |
| N |   | T |   | S |   |   |   | ¹²R |   | ¹³R |   | S |
| E |   |   | ¹⁴U |   | ¹⁵I | ¹⁶G | N | O | R | A | N | T |
| ¹⁷D | ¹⁸R | U | G | S |   | R |   | G |   | S |   | E |
|   | E |   | L |   | ¹⁹C | O | A | U | T | H | O | R |
| ²⁰B | A | S | I | S |   | U |   | I |   | E |   | I |
|   | M |   | E |   |   | N |   | S |   | R |   | T |
| ²¹U | S | U | R | P | E | D |   | ²²H | U | S | K | Y |

## Across

1 Young females (5)
4 Warm and friendly (7)
7 Sharp-pointed metal pin (5)
8 Least clean (8)
9 Faint southern constellation (5)
11 Getting away from (8)
15 Lacking knowledge (8)
17 Narcotics (5)
19 Collaborator on a book (8)
20 Foundation (5)
21 Took the place of (7)
22 Hoarse (5)

## Down

1 Heartened (9)
2 Deflect light (7)
3 Small crustaceans (7)
4 Selected (6)
5 Decide with authority (6)
6 Regions (5)
10 Severity of manner (9)
12 Mischievous (7)
13 Pieces of bacon (7)
14 Less attractive (6)
16 The surface of the earth (6)
18 Large quantities of paper (5)

# PUZZLE 4

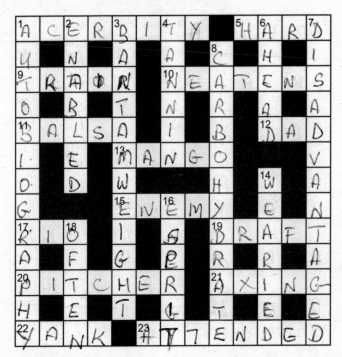

## Across

1 Bitterness of manner (8)
5 Opposite of soft (4)
9 Instruct; teach (5)
10 Tidies (7)
11 Strong lightweight wood (5)
12 Father (3)
13 Juicy fruit (5)
15 Military opponent (5)
17 17th Greek letter (3)
19 Rough version of a document (5)
20 Large jug (7)
21 Chopping (5)
22 Pull abruptly (4)
23 Went along to an event (8)

## Down

1 Account of one's own life (13)
2 Helped to happen (7)
3 Boxing class (12)
4 Substance found in wine (6)
6 In front (5)
7 Deprived (13)
8 Major type of food nutrient (12)
14 Grew tired (7)
16 Liveliness (6)
18 Many times (5)

# PUZZLE 5

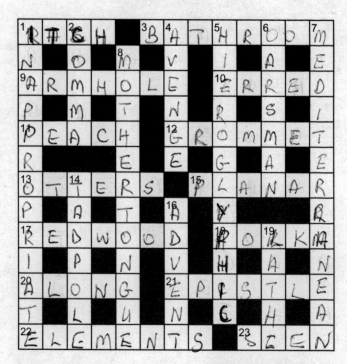

## Across

1 Skin irritation (4)
3 Part of a house (8)
9 One of two gaps in a shirt (7)
10 Made a mistake (5)
11 Soft juicy fruit (5)
12 Eyelet placed in a hole (7)
13 Semiaquatic fish-eating mammals (6)
15 Flat; two-dimensional (6)
17 Huge coniferous tree (7)
18 Lively Bohemian dance (5)
20 With a forward motion (5)
21 Letter (7)
22 Component parts (8)
23 Observed (4)

## Down

1 Not suitable (13)
2 Punctuation mark (5)
4 Geneva (anag.) (6)
5 Written in pictorial symbols (12)
6 Rower (7)
7 Large sea (13)
8 First language (6,6)
14 Larval frog (7)
16 Season before Christmas (6)
19 Machine for shaping wood or metal (5)

# PUZZLE 6

## Across

**1** Iffy (5)
**4** Willingly (7)
**7** Small spot (5)
**8** Solid with straight sides and a circular section (8)
**9** Remains (5)
**11** Twist together (8)
**15** Common salad dressing (5,3)
**17** Cabs (5)
**19** Put more in a container than it can hold (8)
**20** Flat surface (5)
**21** Line of rulers (7)
**22** Strain (5)

## Down

**1** Harm the reputation of (9)
**2** Release air from something (7)
**3** Expressing boredom with the mouth (7)
**4** Revoke (6)
**5** Person who acts for another (6)
**6** Fortunate (5)
**10** Genre of painting (5,4)
**12** Traditional piano keys (7)
**13** Decorated with leaves (7)
**14** Capital of Austria (6)
**16** Active; energetic (6)
**18** Metallic compound (5)

# PUZZLE 7

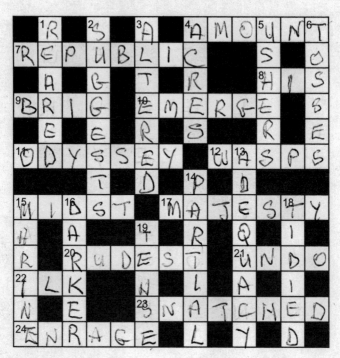

## Across

4 Quantity (6)
7 Type of state (8)
8 Belonging to him (3)
9 Sailing ship (4)
10 Come into view (6)
11 Long wandering journey (7)
12 Stinging insects (5)
15 In the middle of (5)
17 Grandeur (7)
20 Least polite (6)
21 Unwrap or untie (4)
22 Kind or sort (3)
23 Stole; grabbed suddenly (8)
24 Infuriate (6)

## Down

1 Brought up; raised (6)
2 Implies (8)
3 Changed (7)
4 Land measures (5)
5 Rushes (anag.) (6)
6 Throws a coin in the air (6)
13 Sufficiency (8)
14 Incomplete (7)
15 Nautical (6)
16 Not as light (6)
18 Cleaned up (6)
19 Uptight (5)

# PUZZLE 8

## Across

**1** Defeat thoroughly (8)
**5** Hens lay these (4)
**8** Cook meat in the oven (5)
**9** Ancient jar (7)
**10** Demanded (7)
**12** Data input devices (7)
**14** Live in (7)
**16** Branch of linguistics (7)
**18** Slanted characters (7)
**19** Attach to (5)
**20** Long periods of history (4)
**21** Space rock (8)

## Down

**1** Change (4)
**2** Almost (6)
**3** Uncompromising demand (9)
**4** Ice shoes (6)
**6** Phantoms (6)
**7** A magical quality (8)
**11** Action of securing something to a base (9)
**12** Extra large (4-4)
**13** Country in Central America (6)
**14** Iridaceous plants (6)
**15** Wild horse (6)
**17** Chopped; cancelled (4)

# PUZZLE 9

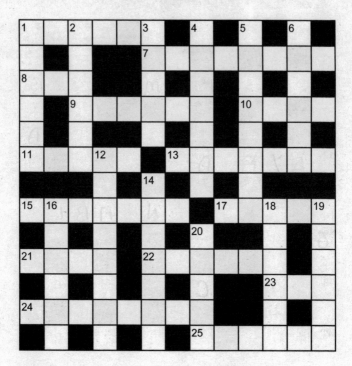

## Across

1 Religious leader (6)
7 Lightest element (8)
8 Expected at a certain time (3)
9 Summon; telephone (4-2)
10 Bucket (4)
11 Opposite of a winner (5)
13 Guarantees (7)
15 Idealistic (7)
17 Very skilled at something (5)
21 Ill-mannered person (4)
22 Writing desk (6)
23 Tool for making holes in leather (3)
24 Thawed (8)
25 Rinsed (anag.) (6)

## Down

1 Club (6)
2 Constructs (6)
3 Young boy or girl (5)
4 Fatty tissue (7)
5 Enclosure (8)
6 Relating to cats (6)
12 Roman leaders (8)
14 River of East Africa (7)
16 Plant spikes (6)
18 Agree or correspond (6)
19 Mythical monsters (6)
20 Leaf of a fern (5)

# PUZZLE 10

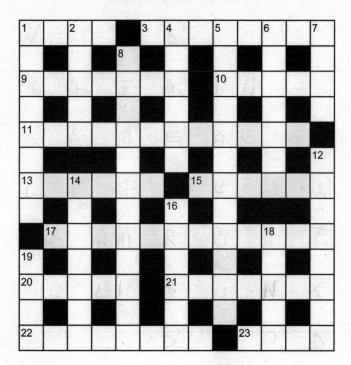

## Across

**1** Domestic felines (4)
**3** Foretells (8)
**9** Tall stand used by a preacher (7)
**10** Move sideways (5)
**11** Place of conflict (12)
**13** Accuse; run at (6)
**15** Establish by law (6)
**17** Lavish event (12)
**20** Oak tree nut (5)
**21** This evening (7)
**22** People who provide massages (8)
**23** Type of golf club (4)

## Down

**1** Summon to return (4,4)
**2** Implied without being stated (5)
**4** Go back on (6)
**5** Disheartening (12)
**6** Virtuoso solo passage (7)
**7** Fat used to make puddings (4)
**8** Hostile aggressiveness (12)
**12** Undo; loosen (8)
**14** Worried and nervous (7)
**16** Graphical representation of a person (6)
**18** African country whose capital is Niamey (5)
**19** Heat up (4)

# PUZZLE 11

## Across

1 Air passage of the lungs (8)
5 Repetition of a sound (4)
8 Elevated step (5)
9 Direct or control a machine (7)
10 Secured against loss or damage (7)
12 Individual character (7)
14 Lacking depth (7)
16 Summary of events (5-2)
18 Separated; remote (7)
19 Recommended strongly (5)
20 Microscopic organism (4)
21 Gauges (8)

## Down

1 Greatest (4)
2 Public speaker (6)
3 Stiff material made of paper (9)
4 System of social perfection (6)
6 Leads a discussion (6)
7 Create an account deficit (8)
11 Pruning shears (9)
12 Shrill (8)
13 Starlike object that often emits radio waves (6)
14 Not dense (6)
15 Book of accounts (6)
17 Lyric poems (4)

# PUZZLE 12

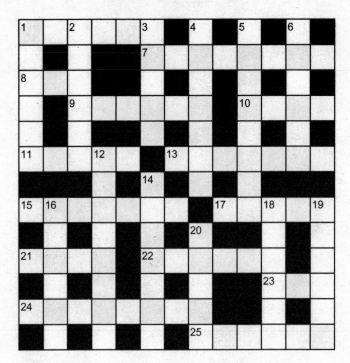

## Across

1  Pay back money (6)
7  News journalist (8)
8  Item of furniture one sleeps on (3)
9  Starting point (6)
10  Guided journey (4)
11  Talons (5)
13  Frozen water spears (7)
15  Visual display unit (7)
17  Having nothing written on (of paper) (5)
21  Agreement (4)
22  Lively Spanish dance (6)
23  Marry (3)
24  Mythical creature (8)
25  Day after Thursday (6)

## Down

1  Set of instructions (6)
2  Soft felt hat (6)
3  Hauls (5)
4  Green vegetable (7)
5  Crucial (8)
6  Fame (6)
12  Makes a high-pitched sound (8)
14  Captain's record (7)
16  Speaks publicly (6)
18  Declared (6)
19  Pleasant and agreeable (6)
20  Feign (5)

# PUZZLE 13

## Across

1 A way of considering something (5,2,4)
9 Hip (anag.) (3)
10 Background actor (5)
11 Valleys (5)
12 Card game (5)
13 Adhering to closely (8)
16 Ocean (8)
18 Thin pancake (5)
20 Important question (5)
21 Dry red wine (5)
22 Took an exam (3)
23 Endorsed (11)

## Down

2 Widespread dislike (5)
3 Destitute (5)
4 Yield (6)
5 Bridgelike structure (7)
6 Cry out (7)
7 Praise (11)
8 Homework tasks (11)
14 Sense of resolution (7)
15 Endure (7)
17 Impart knowledge (6)
18 Fasten together (5)
19 Follow on from (5)

# PUZZLE 14

## Across

**1** Sparkled (8)
**5** Smack with the hand (4)
**8** Major African river (5)
**9** Cyclone (7)
**10** Embarrassed (7)
**12** Accelerate (5,2)
**14** Food garnish (7)
**16** Part of an orchestra (7)
**18** Live longer than (7)
**19** Device used to give support (5)
**20** Ride the waves (4)
**21** Base of a statue (8)

## Down

**1** Thoughtfulness (4)
**2** Cause to start burning (6)
**3** Very low (of a price) (5-4)
**4** Catch or snare (6)
**6** Hate (6)
**7** Trudging (8)
**11** Capable of changing (9)
**12** Cutting instrument (8)
**13** Author (6)
**14** Tropical fly (6)
**15** Child (6)
**17** Exchange for money (4)

# PUZZLE 15

## Across

1 Split into subdivisions (8)
5 Freezes over (4)
9 Broaden (5)
10 Slender stemlike plant appendage (7)
11 Sudden forward thrust (5)
12 Belonging to us (3)
13 Tall plants of the grass family (5)
15 Plentiful (5)
17 Sprite (3)
19 Skilled job (5)
20 Not limited to one class (7)
21 Adult insect (5)
22 Ivy League university (4)
23 Warships (8)

## Down

1 Very confusingly (13)
2 Moderately slow tempo (music) (7)
3 Room attached to a house (12)
4 Large property with land; holding (6)
6 Freight (5)
7 Sanctimonious (4-9)
8 Completely unaware of (12)
14 Inflexible and unyielding (7)
16 Kitchen tool to remove vegetable skin (6)
18 Committee (5)

# PUZZLE 16

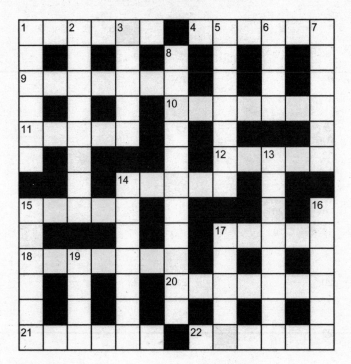

## Across

1  Unless (6)
4  Situation that appears irresolvable (6)
9  Supply (7)
10  Becomes less wide (7)
11  Hazardous; dangerous (5)
12  Space (anag.) (5)
14  Voting compartment (5)
15  Oarsman (5)
17  Intense light beam (5)
18  Part exchange for something new (5-2)
20  Decorative framework (7)
21  Continuously (6)
22  Upward slope (6)

## Down

1  Domain (6)
2  Weapon (8)
3  Concealed; secret (5)
5  Large flightless bird (7)
6  Popular martial art (4)
7  Fails to hit a target (6)
8  Goodwill (11)
13  Unsullied (8)
14  Momentarily (7)
15  Part of the eye (6)
16  Fervent (6)
17  Lingers furtively (5)
19  Afresh (4)

# PUZZLE 17

## Across

1 A canine (3,5)
5 Exchange (4)
9 Make law (5)
10 Something priced attractively (7)
11 Evening dress for men (6,6)
14 Possess (3)
15 Concerning (5)
16 Loud noise (3)
17 Narcissism (4-8)
20 Shoulder blade (7)
22 Customary practice (5)
23 Hardens (4)
24 Took the trouble to do something (8)

## Down

1 Seek (anag.) (4)
2 Avoidance (7)
3 Intended to attract notice (12)
4 Key on a computer keyboard (3)
6 Strike very hard (5)
7 Expressing remorse (8)
8 Productive insight (12)
12 Settle for sleep (of birds) (5)
13 Is composed of (8)
16 Abandon hope (7)
18 Smallest quantity (5)
19 Give nourishment to (4)
21 Ruction (3)

# PUZZLE 18

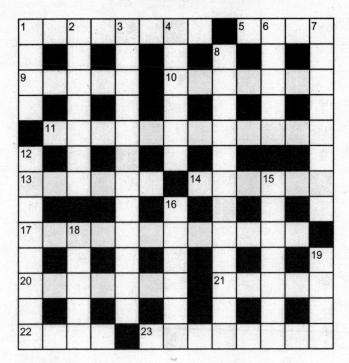

## Across

**1** Narrow fissures (8)
**5** Run away (4)
**9** Principle of morality (5)
**10** Unfasten (7)
**11** Therapeutic use of plant extracts (12)
**13** Relating to sight (6)
**14** Not noticed (6)
**17** Lexicons (12)
**20** Short story (7)
**21** Pinch; squeeze (5)
**22** Deserve (4)
**23** State of the USA (8)

## Down

**1** Cook (4)
**2** Urges strongly (7)
**3** Contradictory (12)
**4** Fairness (6)
**6** South American animal (5)
**7** Evacuating (8)
**8** Creator of film scripts (12)
**12** Proof of something (8)
**15** Small holes in cloth or leather (7)
**16** Breathe in (6)
**18** Conceal (5)
**19** Gull-like bird (4)

# PUZZLE 19

## Across

1. Capital of Massachusetts (6)
4. Rode a bike (6)
9. Levels a charge against (7)
10. Word having the same meaning as another (7)
11. Large woody plants (5)
12. Armistice (5)
14. From Switzerland (5)
17. Weary (5)
19. Water lily (5)
21. Have a positive impact (7)
23. Promising actress (7)
24. Throwing at a target (6)
25. Positively charged atomic particle (6)

## Down

1. Breed of hound (6)
2. Cut of beef from the foreleg (4)
3. Citrus fruits (7)
5. Sailing vessel (5)
6. Person who hears (8)
7. Cease (6)
8. State of being well known (11)
13. Unstable (8)
15. Cork for sealing a bottle (7)
16. Advantages (6)
18. Repudiate (6)
20. Reception room (5)
22. Leave (4)

# PUZZLE 20

## Across

1 Maintenance (11)
9 Conciliatory gift (3)
10 Express; complete (5)
11 Modify (5)
12 Gets through merit (5)
13 Bothers (8)
16 Consent (8)
18 Molten rock (5)
20 Creative thoughts (5)
21 Operatic songs (5)
22 Pouch; enclosed space (3)
23 Philosophical doctrine (11)

## Down

2 Higher in place (5)
3 Amazes (5)
4 Long-haired breed of dog (6)
5 Mistake in printing or writing (7)
6 Stingily (7)
7 Pretentious display (11)
8 Satisfactory (2,2,7)
14 Satisfy; conciliate (7)
15 Abandon (7)
17 Entrance hall (6)
18 Craftsman who uses stone (5)
19 Strong currents of air (5)

# PUZZLE 21

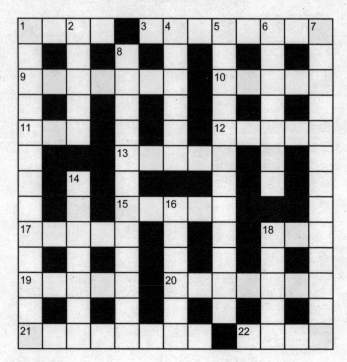

## Across

1 Cries (4)
3 Alluring (8)
9 Social outcasts (7)
10 Student (5)
11 Frozen water (3)
12 Red cosmetic powder (5)
13 Pond-dwelling amphibians (5)
15 Symbol (5)
17 Dairy product (5)
18 Item constructed by a spider (3)
19 Opposite of thin (5)
20 Newtlike salamander (7)
21 Unobtrusive; circumspect (8)
22 Unpleasant giant (4)

## Down

1 Worldly-wise (13)
2 Flat-bottomed boat (5)
4 Person who fails to turn up (2-4)
5 Imitator (12)
6 Seize and take custody of (7)
7 50th anniversary of a major event (6,7)
8 Skilled joiner (12)
14 Clergymen (7)
16 Martial art (6)
18 Mistaken (5)

# PUZZLE 22

## Across

4 Imperial capacity measure (6)
7 Make more attractive (8)
8 Limb used for walking (3)
9 Violent disturbance (4)
10 Go from one place to another (6)
11 Inert gaseous element (7)
12 Intimidated and weakened (5)
15 Removed water (5)
17 Moves restlessly (7)
20 Occupant (6)
21 Geek (4)
22 Command to a horse (3)
23 Formal approval (8)
24 Puts off (6)

## Down

1 Higher in rank (6)
2 Having many parts (8)
3 Not fact (7)
4 Local authority rule (2-3)
5 Insincere (6)
6 Carried with difficulty (6)
13 Church musician (8)
14 Less clean (7)
15 Persistent in effort (6)
16 Meaning; purpose (6)
18 Royal chair (6)
19 Side posts of doorways (5)

# PUZZLE 23

## Across

1 Telephone (4)
3 Wide-ranging (8)
9 Illustrated material (7)
10 Speed music is played at (5)
11 Greek writer of fables (5)
12 Atomic particle (7)
13 Unsteady gait (6)
15 To the point (6)
17 Newspaper audience (7)
18 Pertaining to the sun (5)
20 Avoid (5)
21 Joined together (7)
22 Spattered with liquid (8)
23 Unattractive (4)

## Down

1 Dull and uninteresting (13)
2 Stringed instruments (5)
4 Becomes alert after sleep (6)
5 Very eager; keen (12)
6 Steep in; engross (7)
7 Amiably (4-9)
8 Entirety (12)
14 Burdensome work (7)
16 Sagacious (6)
19 Not telling the truth (5)

# PUZZLE 24

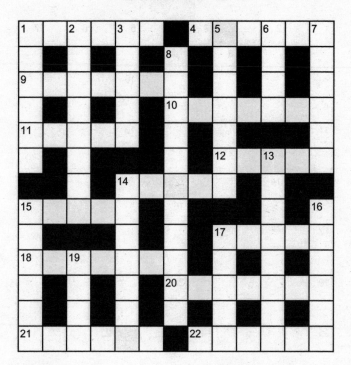

## Across

1 Serving no functional purpose (6)
4 Dwells in (6)
9 Indefinitely many (7)
10 Type of dance (3-4)
11 Corrodes (5)
12 Hurried (5)
14 Glisten (5)
15 Take part in combat (5)
17 Thorax (5)
18 Pamphlet (7)
20 Clasp (7)
21 Arrangement of flowers (6)
22 Articulate; eloquent (6)

## Down

1 Body of work (6)
2 Formidable; impressive (8)
3 Searches for (5)
5 Rich sweet roll (7)
6 Mud (4)
7 Neat and concise; irritable (6)
8 Expects to happen (11)
13 Love song (8)
14 Least fresh (7)
15 Pursue (6)
16 Bear witness (6)
17 Inner circle (5)
19 Fever or shivering fit (4)

# PUZZLE 25

## Across

1 Takes an exam (4)
3 Hot pepper (8)
9 Efficiency (7)
10 Path or road (5)
11 Make a living with difficulty (3)
12 Loves uncritically (5)
13 All (5)
15 Latin American dance (5)
17 Plain writing (5)
18 Bind (3)
19 Felony (5)
20 Have as a part (7)
21 Beneficiaries of a will (8)
22 Close (4)

## Down

1 Lacking originality (13)
2 Store of hoarded wealth (5)
4 A person in general (6)
5 Study of the properties of moving air (12)
6 Imaginary line around the earth (7)
7 Exaggeration (13)
8 Beginning (12)
14 Wearing away (7)
16 Local inhabitant (6)
18 Hard and durable (5)

# PUZZLE 26

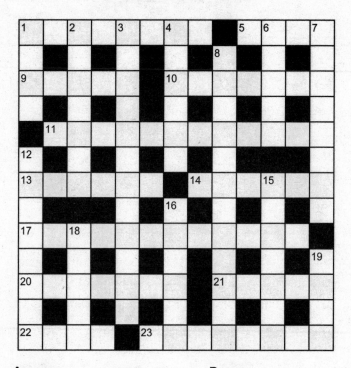

## Across

**1** e.g. uncle or sister (8)
**5** Leave out (4)
**9** Fight (3-2)
**10** Male chicken (7)
**11** Graphical (12)
**13** Red salad fruit (6)
**14** Complex problem (6)
**17** Excessively forward (12)
**20** Spiral cavity of the inner ear (7)
**21** Monastery superior (5)
**22** Hang loosely; droop (4)
**23** Relied on (8)

## Down

**1** Reckless; hasty (4)
**2** Soft and reactive metallic element (7)
**3** Considerately (12)
**4** Occurring in spring (6)
**6** Short choral composition (5)
**7** Traitor (8)
**8** Corresponding; proportionate (12)
**12** Not usual (8)
**15** Searched clumsily (7)
**16** Action of making use of something (6)
**18** Do really well at (5)
**19** Metal fastener (4)

# PUZZLE 27

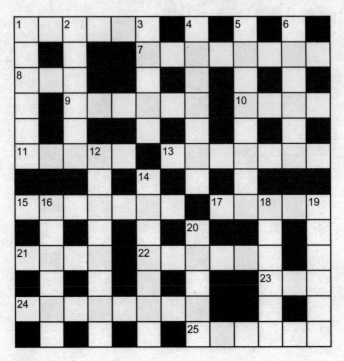

## Across

1 Staple (anag.) (6)
7 Apparition (8)
8 Chemical element (3)
9 Garden flowering plant (6)
10 Engage in spirited fun (4)
11 Threshold (5)
13 Sleep (4-3)
15 Accrued (7)
17 Mark or wear thin (5)
21 Equitable (4)
22 Dung beetle (6)
23 Limb (3)
24 Musical pieces for solo instruments (8)
25 Seem (6)

## Down

1 Conduct reconnaissance (6)
2 Type of bicycle (6)
3 Tumble from a horse (5)
4 Flamboyant confidence of style (7)
5 Physically strong and active (8)
6 Far from the intended target (6)
12 Teach (8)
14 Sweet course (7)
16 Piece of grassland (6)
18 Refined in manner (6)
19 Of the past (6)
20 Obsession (5)

# PUZZLE 28

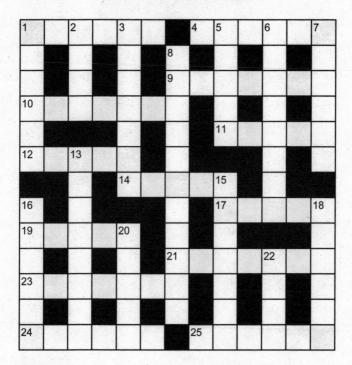

## Across

**1** Lethargic (6)
**4** Strikes firmly (6)
**9** Final stage of an extended process (7)
**10** Earnest (7)
**11** Creator (5)
**12** Expressed clearly (5)
**14** Sharply inclined (5)
**17** Circular in shape (5)
**19** Summed together (5)
**21** Harms (7)
**23** Type of heron (7)
**24** Vehement speech (6)
**25** Scattered about untidily (6)

## Down

**1** Adornment of hanging threads (6)
**2** Hind part (4)
**3** Intrusions (7)
**5** Polite address for a woman (5)
**6** Expression of gratitude (5,3)
**7** Smiles contemptuously (6)
**8** Very successful (of a book) (4-7)
**13** Person owed money (8)
**15** Piece of research (7)
**16** Burrowing long-eared mammal (6)
**18** Decorative pattern (6)
**20** Extreme fear (5)
**22** Travel by horse (4)

# PUZZLE 29

## Across

1 Visage (11)
9 Two times (5)
10 Farewell remark (3)
11 Glazed earthenware (5)
12 Showered with love (5)
13 Extend beyond a surface (8)
16 Formerly Ceylon (3,5)
18 Packs of cards (5)
21 Cardinal point (5)
22 Item for catching fish (3)
23 High up (5)
24 Diaphanous (11)

## Down

2 One's mental attitude (7)
3 Chats (7)
4 Left (6)
5 Alter (5)
6 Ancient measure of
   length (5)
7 Free from control (11)
8 One in charge of a
   school (4,7)
14 Nervous excitement (7)
15 Pancreatic hormone (7)
17 Recover; get back (6)
19 Supply with food (5)
20 Produce eggs (5)

# PUZZLE 30

## Across

1 Intellectual giant (6)
4 Sporting venues (6)
9 Having solidified from lava (of rock) (7)
10 Advantage gained from something (7)
11 A sum owed (5)
12 Brilliant (5)
14 Frenzied (5)
17 Speak without preparation (2-3)
19 Flour dough used in cooking (5)
21 Mysterious (7)
23 Extremely cruel (7)
24 Solitary; not married (6)
25 Be owned by (6)

## Down

1 Diving waterbirds (6)
2 Noble gas (4)
3 Identifying outfit (7)
5 Shaped up (5)
6 Push button outside a house (8)
7 Plus points (6)
8 Easy target (7,4)
13 Male journalists (8)
15 Waterfall (7)
16 Shovels (6)
18 Barking loudly (6)
20 Declare invalid (5)
22 Emperor of Rome 54-68 AD (4)

# PUZZLE 31

## Across

1 Bone of the forearm (4)
3 Sports grounds (8)
9 Very fine substances (7)
10 Relieved of an illness (5)
11 Country in North East Africa (5)
12 Helps to happen (7)
13 Organic compounds (6)
15 Small piece of food (6)
17 Distinguished (7)
18 Flatten on impact (5)
20 Making a knot in (5)
21 Dry red table wine of Italy (7)
22 Act of removal (8)
23 Self-righteous person (4)

## Down

1 Unparalleled (13)
2 Recently (5)
4 Sampled (food) (6)
5 Absolute authority in any sphere (12)
6 Unfurls (7)
7 Very funny (4-9)
8 Boxing class division (12)
14 Insignificant (7)
16 Plaster for coating walls (6)
19 Passenger ship (5)

# PUZZLE 32

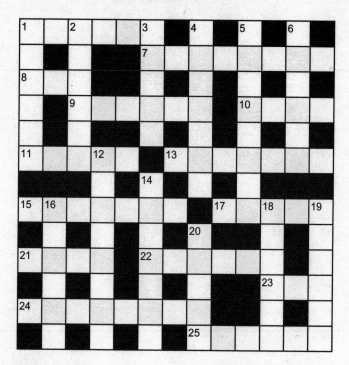

## Across

1 Brass instruments (6)
7 Tonic (4-2-2)
8 Edible nut (3)
9 Develop into (6)
10 Floor mats (4)
11 Talk (5)
13 Very enthusiastic (7)
15 Abrupt in manner (7)
17 Ungainly (5)
21 Large washing bowl (4)
22 Quickly (6)
23 Pro (3)
24 Prison term (8)
25 Trash (6)

## Down

1 Arm muscle (6)
2 Eat hurriedly (6)
3 Track of an animal (5)
4 Planned one's actions (7)
5 Portable device to keep the rain off (8)
6 Martial art (4,2)
12 Person with an appreciation of beauty (8)
14 Leaping (7)
16 Cried out (of a lion) (6)
18 Loudspeaker (6)
19 Hankers after (6)
20 Fed up (5)

# PUZZLE 33

## Across

**1** Remedy to a poison (8)
**5** Projecting edge (4)
**9** Jewel from an oyster shell (5)
**10** Revokes (7)
**11** Impinges upon (7)
**12** Cuban folk dance (5)
**13** Prevents (6)
**14** Sear (6)
**17** Golf clubs (5)
**19** Distinct sentence parts (7)
**20** Vary the pitch of the voice (7)
**21** Not suitable (5)
**22** Part of an egg (4)
**23** Enthusiasm (8)

## Down

**1** Relevance (13)
**2** Walk aimlessly (7)
**3** Food shop (12)
**4** Songbird with a spotted breast (6)
**6** Furnish with new weapons (5)
**7** State of the USA (13)
**8** Gratitude (12)
**15** Say again (7)
**16** Hay-cutting tool (6)
**18** Bits of meat of low value (5)

# PUZZLE 34

## Across

**4** Functional (6)
**7** Constricts (8)
**8** And not (3)
**9** Sent by (4)
**10** Complied with orders (6)
**11** Effective; having a striking effect (7)
**12** Insanely (5)
**15** Parasitic insect (5)
**17** Plunder (7)
**20** Myth (6)
**21** Move like a wheel (4)
**22** Anger (3)
**23** Giving off (8)
**24** Female sibling (6)

## Down

**1** Violent in force (6)
**2** State of total disorder (8)
**3** Reunites (7)
**4** Law court official (5)
**5** Joined together (6)
**6** Hearty (anag.) (6)
**13** Harshness of manner (8)
**14** Allow back in (7)
**15** The words of a song (6)
**16** Except when (6)
**18** e.g. Borneo (6)
**19** Send someone to a medical specialist (5)

# PUZZLE 35

## Across

1 Poisonous green gas (8)
5 Eager; keen (4)
8 Confusion (3-2)
9 Orange vegetables (7)
10 Circling around (7)
12 Faithfulness (7)
14 Exacted retribution (7)
16 Harden (7)
18 Existing at the beginning (7)
19 Not at all (5)
20 Unit of heredity (4)
21 Stiff coarse hairs (8)

## Down

1 Temporary living quarters (4)
2 State of great comfort (6)
3 Reissue (9)
4 Pleasantly (6)
6 Stringed instrument (6)
7 Made with purpose; planned (8)
11 Contributions (9)
12 Hating (8)
13 Nuclear reaction; merger (6)
14 Deer horn (6)
15 Small stones (6)
17 Creative disciplines (4)

# PUZZLE 36

## Across

1 Feel sorrow for one's deeds (6)
7 Make fun of (8)
8 Small social insect (3)
9 Bad handwriting (6)
10 Wild mountain goat (4)
11 Hankered after (5)
13 Marks of a zebra (7)
15 Having an obscure meaning (7)
17 Sufficiently (5)
21 Finished; complete (4)
22 Fleet of ships (6)
23 Nothing (3)
24 Water-resistant jacket (8)
25 Discharges (6)

## Down

1 Country in central Africa (6)
2 Violent uprising (6)
3 Three-note chord (5)
4 Flatter (7)
5 Policy of direct action (8)
6 Garment part that covers an arm (6)
12 Running out (8)
14 Deny any responsibility for (7)
16 Show (6)
18 End lap (anag.) (6)
19 Surrenders (6)
20 Strike firmly (5)

# PUZZLE 37

## Across

1. Fairly (6)
4. Metrical foot (6)
9. Regret (7)
10. Suit makers (7)
11. Puts in order (5)
12. Basic units of an element (5)
14. Condescend (5)
15. Home (5)
17. Vast multitude (5)
18. Island in the West Indies (7)
20. Weaves; clothing (7)
21. Showing gentleness (6)
22. Messengers of God (6)

## Down

1. Expert in law (6)
2. Straw hat (8)
3. Tempts (5)
5. e.g. from Ethiopia (7)
6. A group of three people (4)
7. Rents out (6)
8. Become worse (11)
13. Go past another car (8)
14. Turn aside from a course (7)
15. Alter or adapt (6)
16. Makes fun of someone (6)
17. Wading bird (5)
19. Average value (4)

# PUZZLE 38

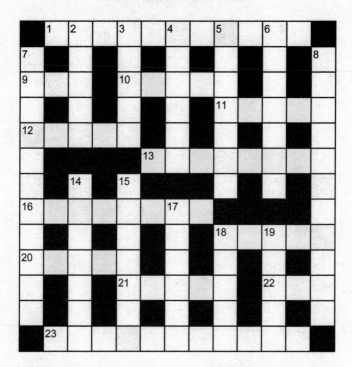

## Across

1 Every two weeks (11)
9 Court (3)
10 Feelings and emotions (5)
11 Plant spike (5)
12 This date (5)
13 Ability to act as one wishes (4,4)
16 Reload (8)
18 Spore-producing organisms (5)
20 Detailed financial assessment (5)
21 Friend (Spanish) (5)
22 Joke (3)
23 Energetically (11)

## Down

2 Egg-shaped solid (5)
3 Stomach (informal) (5)
4 Line of equal pressure on a map (6)
5 Jostled (7)
6 Terse (7)
7 European country (11)
8 Decisions reached by reasoning (11)
14 Make sour (7)
15 Short musical composition (7)
17 Third sign of the zodiac (6)
18 Plants of a region (5)
19 Country in the Himalayas (5)

# PUZZLE 39

## Across

1 Small restaurant (4)
3 Absolute (8)
9 Not tense (7)
10 Lowest point (5)
11 Give a false account of (12)
13 Uncover (6)
15 Fictional (4,2)
17 Freedom from control (12)
20 Wide-awake (5)
21 Meander (anag.) (7)
22 Stealing (cattle) (8)
23 Country bordered by Libya and Sudan (4)

## Down

1 Metallic element (8)
2 Ceases trading (5)
4 Contemporary (6)
5 Having existed for a considerable time (4-8)
6 Musical ending (7)
7 Ripped (4)
8 Based on untested ideas (12)
12 Magnificent (8)
14 Coatings (7)
16 Nerve cell (6)
18 Insect larva (5)
19 This grows on your head (4)

# PUZZLE 40

## Across

1 Meat sellers (8)
5 Star or hero (4)
9 Sing like a bird (5)
10 Flexible athlete (7)
11 Lowest possible temperature (8,4)
14 Enemy (3)
15 Killer whales (5)
16 Signal for action (3)
17 Uncomplimentary (12)
20 Trespass (7)
22 Under (5)
23 Dons (anag.) (4)
24 Completely preoccupied with (8)

## Down

1 Male deer (4)
2 Sewing aid (7)
3 Thick-skinned herbivorous animal (12)
4 Piece of cloth (3)
6 Slatted wooden box (5)
7 Atmospheric gas (8)
8 Limitless (12)
12 Unabridged (5)
13 Outpouring (8)
16 Sticks of wax (7)
18 Destined (5)
19 Still to be paid (4)
21 Recede (3)

# PUZZLE 41

## Across

**4** Network of rabbit burrows (6)
**7** Intelligentsia (8)
**8** Become firm (3)
**9** US actress and singer (4)
**10** Slacken (6)
**11** Able to read minds (7)
**12** Academy Award (5)
**15** Squeeze (5)
**17** War trumpet (7)
**20** Pictures (6)
**21** Decant (4)
**22** Title of a married woman (3)
**23** Sends a bill to (8)
**24** Diminish (6)

## Down

**1** Engages in combat (6)
**2** Withdraws (8)
**3** Sheikdom in the Persian Gulf (7)
**4** Handle a tool effectively (5)
**5** Simple; unrefined (6)
**6** Talk idly (6)
**13** An order of angel (8)
**14** Difficult to catch (7)
**15** Original (6)
**16** Survives; lives (6)
**18** Musical works (6)
**19** Once more (5)

# PUZZLE 42

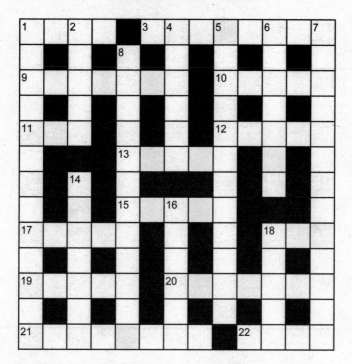

## Across

1 Moves up and down on water (4)
3 Hideousness (8)
9 Doing as one is told (7)
10 Period of keeping awake to pray (5)
11 Large deer (3)
12 Expressing emotions (of poetry) (5)
13 Female sovereign (5)
15 Ire (5)
17 Benefactor (5)
18 Expanse of salt water (3)
19 Brought forth (5)
20 Sailing ship (7)
21 Overabundances (8)
22 Slide; lose grip (4)

## Down

1 Capable of being decomposed (13)
2 Desolate (5)
4 Flock of geese (6)
5 Immune (12)
6 Ardently; keenly (7)
7 Complete in itself (of a thing) (4-9)
8 Squint harder (anag.) (12)
14 Non-specific (7)
16 Snicker (6)
18 Go stealthily or furtively (5)

# PUZZLE 43

## Across

1 Domestic cattle (4)
3 Done away with (8)
9 Brings about (7)
10 Large motor vehicle (5)
11 Break up (12)
13 Plant with oil rich seeds (6)
15 Sewing instrument (6)
17 Detailed reports (12)
20 e.g. iron or copper (5)
21 Widen (7)
22 Delaying (8)
23 Parched (4)

## Down

1 Immature (8)
2 Walks through water (5)
4 Shrubs (6)
5 Act of seizing something en route (12)
6 Had faith in (7)
7 Sovereign prince (4)
8 Thriftily (12)
12 Argued logically (8)
14 Protective location (7)
16 Famous London clock (3,3)
18 Command (5)
19 Small flake of soot (4)

# PUZZLE 44

## Across

1 Annoying person (6)
4 Competitive games (6)
9 Frequent customer (7)
10 Ban on publication (7)
11 Principle laid down by an authority (5)
12 Connected series of rooms (5)
14 Indoor game (5)
17 Alcoholic beverages (5)
19 Muscular tissue (5)
21 Give too much money (7)
23 Version of a book (7)
24 State of mental strain (6)
25 Coop up (6)

## Down

1 e.g. Athenians (6)
2 Thrash (4)
3 Found out about (7)
5 Gaped (anag.) (5)
6 Faith (8)
7 Howl (6)
8 Dimensions (11)
13 Of lower quality (8)
15 Cause to taste more sugary (7)
16 Makes available for sale (6)
18 Obstruct (6)
20 These grow on your head (5)
22 Insect stage (4)

# PUZZLE 45

## Across

1. Cease to be valid (6)
4. Climbed (6)
9. Subdivision (7)
10. Deliberately cruel (7)
11. Levies (5)
12. Pertaining to birds (5)
14. Mallet (5)
15. Electrician (5)
17. Ask for earnestly (5)
18. Emit energy (7)
20. Planet (7)
21. Broadest (6)
22. Although (6)

## Down

1. Not real or genuine (6)
2. Strange (8)
3. Remains; destroys (5)
4. Critical (7)
5. Critical (7)
6. Company symbol (4)
7. Small oval plum (6)
8. Participation (11)
13. Lacking confidence (8)
14. Lubricates (7)
15. Capital of Poland (6)
16. Strangest (6)
17. Proceeding from the pope (5)
19. Document of ownership (4)

# PUZZLE 46

## Across

1 Argumentative (11)
9 Alcoholic drink made from apples (5)
10 Flee (3)
11 Ethos (anag.) (5)
12 In what place (5)
13 Someone paddling a light boat (8)
16 Cocktail (8)
18 Loud metallic sound (5)
21 Stand up (5)
22 A man's dinner jacket (abbrev.) (3)
23 Lose consciousness (5)
24 Needless (11)

## Down

2 Defective (7)
3 Retreats (7)
4 Small whirlpools (6)
5 Spread by scattering (5)
6 Join together (5)
7 Papal state (7,4)
8 Clever (11)
14 Agrees or corresponds (7)
15 Alike (7)
17 Reach a destination (6)
19 Plant hormone (5)
20 Blunder (5)

# PUZZLE 47

## Across

**1** Cereal plant (4)
**3** Pleasingly rich (8)
**9** From beginning to end (7)
**10** Saying (5)
**11** Tips (5)
**12** Thinning out branches of a tree (7)
**13** Prayer book (6)
**15** Large wasp (6)
**17** Window panel for keeping light out (7)
**18** Neck warmer (5)
**20** Capital of Ghana (5)
**21** State of the USA (7)
**22** Cuts into bits (8)
**23** Pay attention to (4)

## Down

**1** Reach the required standard (3,3,7)
**2** Broadcast again (5)
**4** Maintain a decision (6)
**5** Type of contest (12)
**6** Formal speech (7)
**7** Legerdemain (7,2,4)
**8** Strengthen; confirm (12)
**14** Origins (7)
**16** Imagined whilst asleep (6)
**19** Make right (5)

# PUZZLE 48

## Across

1 Military forces (6)
7 Prompt (8)
8 Disallow (3)
9 Claret (anag.) (6)
10 Flows (4)
11 TV presenters (5)
13 Contrary to (7)
15 Seems (7)
17 Small quantities of liquor (5)
21 Break suddenly (4)
22 Woodland (6)
23 Implore (3)
24 Disintegrate (8)
25 Lovingly (6)

## Down

1 Surprise attack (6)
2 Cuts up meat very finely (6)
3 Large indefinite amount (5)
4 Comparison (7)
5 Echinoderm with a distinctive shape (8)
6 Very holy people (6)
12 Enter unlawfully (8)
14 Strong-smelling fungus (7)
16 Expert in a particular subject (6)
18 Make a larger offer at auction (6)
19 Unkempt (of hair) (6)
20 Short and sweet (5)

# PUZZLE 49

## Across

1 Popular places (8)
5 One of the continents (4)
9 Type of herring (5)
10 Tidy (5,2)
11 Incomprehensibly (12)
13 In a careless manner (6)
14 Sheep meat (6)
17 Cooling device in the kitchen (12)
20 Disavowals; rebuttals (7)
21 Gold block (5)
22 Uncommon (4)
23 Unmarried woman (8)

## Down

1 Jumbled mixture (4)
2 Cruel use of authority (7)
3 Caused by disease (12)
4 Heart (slang) (6)
6 Walk with an affected gait (5)
7 Putting into practice (8)
8 Act of removing restrictions (12)
12 Breed of retriever (8)
15 Mental process or idea (7)
16 Botch (4-2)
18 More delicate (5)
19 Celestial body (4)

# PUZZLE 50

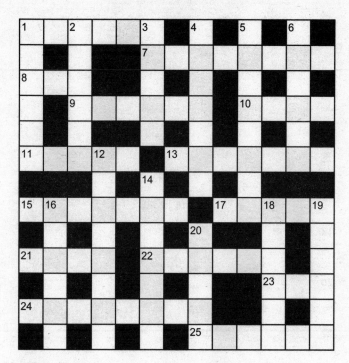

## Across

**1** Divides in two (6)
**7** Satisfactory (8)
**8** Bed for a baby (3)
**9** Continent (6)
**10** Spaces or intervals (4)
**11** Shyly (5)
**13** Quell (7)
**15** Lifting with difficulty (7)
**17** Grips (5)
**21** Mammal that may have antlers (4)
**22** Ruler (6)
**23** Solemn promise (3)
**24** Having no current (of a body of water) (8)
**25** Drowsy (6)

## Down

**1** Manic (6)
**2** Form of church prayer (6)
**3** Ruin (5)
**4** Fugitive (7)
**5** Large marsupial (8)
**6** Slants (6)
**12** Power or influence (8)
**14** Insanitary (7)
**16** Votes into office (6)
**18** Immature insects (6)
**19** Sedately (6)
**20** Desires (5)

# PUZZLE 51

## Across

1 Sweat (8)
5 Small fight (4)
9 Fill with high spirits (5)
10 e.g. swords and guns (7)
11 Last longer than (of clothes) (7)
12 Identical copy (5)
13 Begin to grow (6)
14 Aim to achieve something (6)
17 Draws into the mouth (5)
19 Table servers (7)
20 Clumsily (7)
21 Make fun of someone (5)
22 Emit light (4)
23 Teaches (8)

## Down

1 Engaging (13)
2 Nuclear ___ : device that generates energy (7)
3 Precondition (12)
4 Amend; change (6)
6 Camera image (5)
7 Blandness (13)
8 Vain (12)
15 Imprecise (7)
16 Moved back and forth (6)
18 Doctrine; system of beliefs (5)

# PUZZLE 52

## Across

**1** Makes a surprise attack on (8)
**5** Move fast in a straight line (4)
**9** Have faith in (5)
**10** Archer's weapon (7)
**11** Effects or results (12)
**14** Mixture of gases we breathe (3)
**15** Love intently (5)
**16** Unhappy (3)
**17** Military judicial body (5,7)
**20** Stimulated; urged on (7)
**22** Musical note (5)
**23** Utters (4)
**24** Flowering plant (5,3)

## Down

**1** Tiny social insects (4)
**2** Bedroom (7)
**3** Adequate (12)
**4** Measure of length (3)
**6** Having three dimensions (5)
**7** Negative aspect (8)
**8** Not discernible (12)
**12** Allotted quantity (5)
**13** Political meetings (8)
**16** Shock physically (5-2)
**18** High lending practice (5)
**19** Sixth Greek letter (4)
**21** Ground condensation (3)

# PUZZLE 53

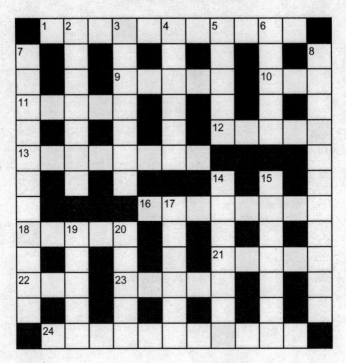

## Across

1 Incorporating sound and images (11)
9 Destiny; fate (5)
10 Mock (3)
11 Attacks without warning (5)
12 Entrance hallway (5)
13 12th month (8)
16 Squid dish (8)
18 Ciphers (5)
21 Vital organ (5)
22 Word expressing negation (3)
23 Display freely (5)
24 Youth (11)

## Down

2 Unfasten (7)
3 Annoying (7)
4 Manly (6)
5 Personnel at work (5)
6 Ordered arrangement (5)
7 Greenish (11)
8 Shortened (11)
14 Knife (7)
15 Extreme enthusiast (7)
17 Love affairs (6)
19 Old-fashioned (5)
20 A sense (5)

# PUZZLE 54

## Across

1 Paths (6)
7 A formal exposition (8)
8 Boy (3)
9 Not level (6)
10 Askew (4)
11 Craftily (5)
13 Farewell remark (7)
15 Attack continuously (7)
17 Start (5)
21 Greasy (4)
22 Morally admirable (6)
23 Fastener (3)
24 Individual; private (8)
25 Lets go of (6)

## Down

1 Layers (anag.) (6)
2 Excessively (6)
3 Heating apparatus (5)
4 Gathering of old friends (7)
5 Sit with legs wide apart (8)
6 Fish-eating bird of prey (6)
12 Campaigner (8)
14 Getting bigger (7)
16 Thought; supposed (6)
18 Sculptured symbols (6)
19 Pokes gently (6)
20 Question intensely (5)

# PUZZLE 55

## Across

1 Ancient boats (4)
3 Food of the gods (8)
9 Seasonal prevailing wind (7)
10 Possessed (5)
11 Easy-going (4-8)
13 Teachers (6)
15 Rich cake (6)
17 In a self-satisfied manner (12)
20 Stage performer (5)
21 Type of porch (7)
22 Moving at speed (8)
23 Associate (4)

## Down

1 Supreme being (8)
2 Japanese form of fencing (5)
4 Capital of Bahrain (6)
5 Large Brazilian city (3,2,7)
6 Genuine (7)
7 Assistant (4)
8 Repository for misplaced items (4,8)
12 Meddlesome person (8)
14 Pig's foot (7)
16 Inhibit (6)
18 Fabric with parallel ribs (5)
19 Cleanse (4)

# PUZZLE 56

## Across

1 Attention-grabbing (3-8)
9 Uncooked (of meat) (3)
10 Turns over and over (5)
11 Wild animal (5)
12 Domineering (5)
13 Majesty (8)
16 Opposite of majority (8)
18 The entire scale (5)
20 Tease or pester (5)
21 Therefore (5)
22 What our planet orbits (3)
23 Specialist in care for the feet (11)

## Down

2 Shows tiredness (5)
3 Trite (5)
4 Greater in height (6)
5 Married man (7)
6 Makes ineffective (7)
7 Posing a difficulty (11)
8 Absorbing; intriguing (11)
14 Great suffering (7)
15 Male sibling (7)
17 Root vegetable (6)
18 Avarice (5)
19 Vertical spars for sails (5)

# PUZZLE 57

## Across

**1** Expel; drive out (4)
**3** Armed (8)
**9** Submarine weapon (7)
**10** Clergyman (5)
**11** Foreboding (12)
**13** Excitingly strange (6)
**15** Japanese robe (6)
**17** Intentionally (12)
**20** Ornamental stone (5)
**21** Decorative altar cloth (7)
**22** Lessening (8)
**23** Run at moderate pace (4)

## Down

**1** No longer in fashion (8)
**2** Sticky sweet liquid (5)
**4** Cites (6)
**5** Detective (12)
**6** Small flute (7)
**7** Opposite of light (4)
**8** Monotonously (12)
**12** Speaking many languages (8)
**14** Taken as a whole (7)
**16** Be unbearably loud (6)
**18** Trees (anag.); organic compound (5)
**19** Tibetan Buddhist monk (4)

# PUZZLE 58

## Across

1 Relating to deep feelings (8)
5 Gemstone (4)
9 Sheet (anag.) (5)
10 e.g. flies and beetles (7)
11 Bump (12)
13 Situated within a building (6)
14 Crazy (6)
17 Troublemaker (6-6)
20 Momentum (7)
21 Epic poem ascribed to Homer (5)
22 Circular movement of water (4)
23 Very small unit of length (8)

## Down

1 Ballot choice (4)
2 Slandered (7)
3 Coat with a metal (12)
4 With hands on the hips (6)
6 Brown nut (5)
7 Diminished (8)
8 Science of space travel (12)
12 Severe headache (8)
15 Workshop or studio (7)
16 Jail (6)
18 Animal that walks on two legs (5)
19 First man (4)

# PUZZLE 59

## Across

1 Young lions (4)
3 Respite (8)
9 Aids (7)
10 Robbery (5)
11 Ballroom dance (5)
12 Country in West Africa (7)
13 Group of mountains (6)
15 Former female pupil (6)
17 Mischievous (7)
18 Eighth Greek letter (5)
20 Divide by two (5)
21 Furthest away (7)
22 Suggesting (8)
23 Depend upon (4)

## Down

1 Artisanship (13)
2 Subatomic particle (5)
4 Frames used by artists (6)
5 Restore to good condition (12)
6 Witty saying (7)
7 Wastefully; lavishly (13)
8 Amazement (12)
14 Gusty winds (7)
16 Wealthy person in business (6)
19 Call forth (5)

# PUZZLE 60

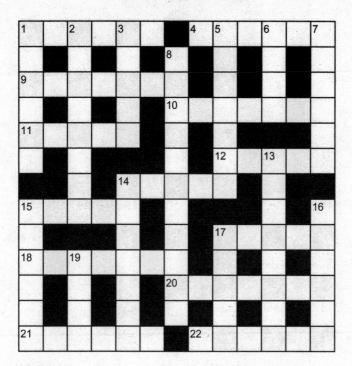

## Across

1 Assent or agree to (6)
4 Uttered (6)
9 Quantity of food (7)
10 Reaches a destination (7)
11 Strong thick rope (5)
12 Sprites (5)
14 Observed (5)
15 Brief appearance in a film by someone famous (5)
17 Ability; talent (5)
18 Bathing tub with bubbles (7)
20 Type of respiration (7)
21 Show up; reveal (6)
22 Travels too quickly (6)

## Down

1 Region of France (6)
2 Part of the brain (8)
3 Operate a motor vehicle (5)
5 Penetrated (7)
6 Capital of the Ukraine (4)
7 Loops with running knots (6)
8 Giant aerial (anag.) (11)
13 Changeable (8)
14 Spouts (7)
15 Coax into doing something (6)
16 Groups of birds (6)
17 Device for sharpening razors (5)
19 Poultry enclosure (4)

# PUZZLE 61

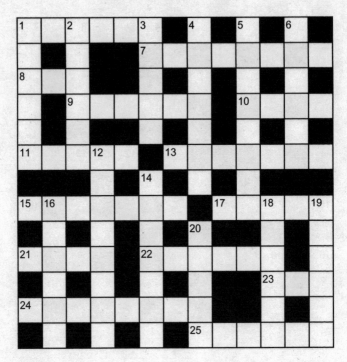

## Across

1 Gaming tile (6)
7 Plus points (8)
8 Hog (3)
9 Entreated; beseeched (6)
10 Area of mown grass (4)
11 Youngsters aged from 13 - 19 (5)
13 Plans to do something (7)
15 Beaten by hammering (of metals) (7)
17 Short musical composition (5)
21 Ring of light around the head (4)
22 Doze (6)
23 Statute (3)
24 Mocking (8)
25 Swayed to and fro (6)

## Down

1 Leave (6)
2 Long-tailed crow (6)
3 Follows orders (5)
4 Capable of relieving pain (7)
5 Liquid waste discharged into the sea (8)
6 Boiled slowly (6)
12 Overly anxious and sensitive (8)
14 Register at a hotel (5,2)
16 Machine that harvests a crop (6)
18 Remove from a container (6)
19 Overjoyed (6)
20 Guide a vehicle (5)

# PUZZLE 62

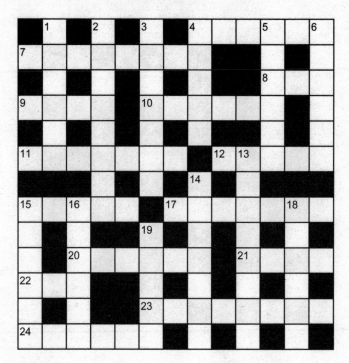

## Across

**4** Matter (6)
**7** Debris (8)
**8** 24-hour period (3)
**9** Chemical salt used in dyeing (4)
**10** Expressing regret (6)
**11** Ten sirs (anag.) (7)
**12** Device used to connect to the internet (5)
**15** Moneys owed (5)
**17** Navigational instrument (7)
**20** Rarely encountered (6)
**21** Not sweet (4)
**22** Frying pan (3)
**23** Height (8)
**24** Sat an exam again (6)

## Down

**1** Capital of Germany (6)
**2** Percussion sound (8)
**3** Do repeatedly (7)
**4** Raised a question (5)
**5** Mixed up or confused (6)
**6** Sense of musical time (6)
**13** Facing (8)
**14** Gnawing mammals (7)
**15** Storage compartment (6)
**16** Container (6)
**18** Robust (6)
**19** Make inoperative (5)

# PUZZLE 63

## Across

1 Recurrent (8)
5 Affirm with confidence (4)
9 Supernatural skill (5)
10 Living in water (7)
11 Warning of danger (5)
12 Remove branches (3)
13 Length of interlaced hair (5)
15 Records (5)
17 Bun (anag.) (3)
19 Military blockade (5)
20 Marked with spots (7)
21 Prod with the elbow (5)
22 Snake-like fish (4)
23 Laziness (8)

## Down

1 Friendly (13)
2 Blood relative (7)
3 Ineptness (12)
4 Spiny tree (6)
6 Essential (5)
7 Open-mindedness (13)
8 Most perfect example of a quality (12)
14 Foot pedal (7)
16 Engaged in games (6)
18 Become very hot (5)

# PUZZLE 64

## Across

- **1** Deactivate (6)
- **4** Flat dishes (6)
- **9** Artificial barrier in a watercourse (7)
- **10** Varnish (7)
- **11** Raucous (5)
- **12** Attempts (5)
- **14** Removes moisture (5)
- **15** Lump or bump (5)
- **17** Explore or examine (5)
- **18** Fully occupy (7)
- **20** Plundering (7)
- **21** Stashes away (6)
- **22** Pleaded with; asked for money (6)

## Down

- **1** Go ashore (6)
- **2** Computer security system (8)
- **3** Frightening (5)
- **5** Surgical knives (7)
- **6** Skirt worn by ballerinas (4)
- **7** Feels upset and annoyed (6)
- **8** Delightfully (11)
- **13** Arriving (8)
- **14** Very loyal; dedicated (7)
- **15** Violation of trust (6)
- **16** Joined together (6)
- **17** Establish as the truth (5)
- **19** Celebration; festivity (4)

# PUZZLE 65

## Across

1 Responded to (8)
5 Mineral powder (4)
9 Pledge (5)
10 Bouncer (7)
11 Enigmas (7)
12 Amide (anag.) (5)
13 Admit to a post (6)
14 False (6)
17 Turf out (5)
19 Sterile (7)
20 Notable feat (7)
21 Find out (5)
22 Lofty (4)
23 Fine soft wool (8)

## Down

1 Paid announcement (13)
2 Sped along; skimmed (7)
3 Sensory system used by dolphins (12)
4 First born (6)
6 Equipped (5)
7 Gradual healing (13)
8 A grouping of states (12)
15 Go back over again (7)
16 Vedic hymn (6)
18 Drive forward (5)

# PUZZLE 66

## Across

1 Central principle of a system (8)
5 Greek cheese (4)
8 Cuts slightly (5)
9 Crisp plain fabric (7)
10 Surpass (7)
12 Started again (7)
14 European country (7)
16 Relished (7)
18 Small dog (7)
19 Confuse (5)
20 Portion of medicine (4)
21 Far on in development (8)

## Down

1 Sharp twist (4)
2 Woody-stemmed plants (6)
3 Formal written or spoken statement (9)
4 Acquired money as profit (6)
6 Free from a liability (6)
7 The scholastic world (8)
11 Capital of Slovenia (9)
12 Dismissed as inadequate (8)
13 Narrow sea inlets (6)
14 Worshipped (6)
15 Scandinavian (6)
17 Large group of cattle (4)

# PUZZLE 67

## Across

1 Capital of Chile (8)
5 Sharp bites (4)
9 Relating to a city (5)
10 Leaves (5)
11 Make better (10)
14 Stadiums (6)
15 Feature (6)
17 Large kingfisher (10)
20 Heavy iron block (5)
21 Brag (5)
22 Shallow food container (4)
23 Person not expected to win (8)

## Down

1 Unwell (4)
2 Flaring star (4)
3 Without equal (12)
4 Make a bubbling sound (6)
6 Copied (8)
7 Believes tentatively (8)
8 Clearly evident (12)
12 Tennis stroke (8)
13 Settles (8)
16 Morose (6)
18 Stiff paper (4)
19 Adult male deer (4)

# PUZZLE 68

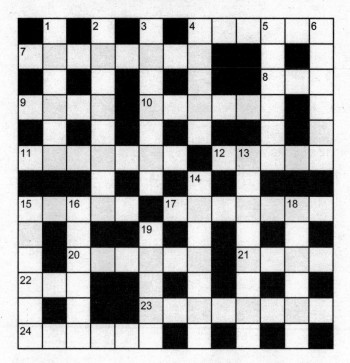

## Across

4 Plant with edible stalks (6)
7 Commotion (8)
8 Secret retreat (3)
9 Rank (4)
10 Wish for (6)
11 Series of boat races (7)
12 Smarter (5)
15 Beets (anag.) (5)
17 Cut (7)
20 Ordained minister (6)
21 Is indebted to pay (4)
22 Additionally (3)
23 Blushed (8)
24 Terminate a telephone call (4,2)

## Down

1 Elf or fairy (6)
2 Reproduce (8)
3 Eagerness (7)
4 Near (5)
5 Senior members of a tribe (6)
6 Over there (6)
13 Not appropriate (8)
14 Small explosive bomb (7)
15 Raise for discussion (6)
16 Make unhappy (6)
18 Ten plus one (6)
19 Steep bank or slope (5)

# PUZZLE 69

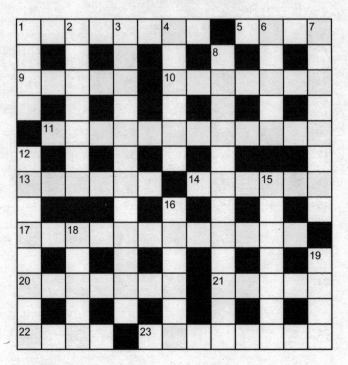

## Across

1 Sorriest (anag.) (8)
5 A person's individuality (4)
9 Remove errors from software (5)
10 Inherent (of a characteristic) (5-2)
11 Creatively (12)
13 Attack (6)
14 Black Sea peninsula (6)
17 Insistently (12)
20 Coiffure (7)
21 Name of a book (5)
22 Fleshes out unnecessarily (4)
23 Listen to again (4,4)

## Down

1 Repeat an action (4)
2 Residential areas (7)
3 Importance (12)
4 Planetary paths around the sun (6)
6 Laud (5)
7 Professional comedian (8)
8 Inharmoniously (12)
12 Great difficulty (8)
15 Civilians trained as soldiers (7)
16 Horizontal supporting beam (6)
18 Crunch; wear down (5)
19 Narrow strip of land (4)

# PUZZLE 70

## Across

1 Pygmy chimpanzee (6)
4 Fires a bullet (6)
9 Sustain with food (7)
10 Tuneful (7)
11 Tends (anag.) (5)
12 Looking tired (5)
14 Spiny yellow-flowered shrub (5)
17 Stories (5)
19 Sandy wasteland (5)
21 Brutal; cruel (7)
23 Set down on paper (7)
24 From Denmark (6)
25 Large lizard (6)

## Down

1 Increased rapidly (6)
2 Christmas (4)
3 Losing hair (7)
5 Dog (5)
6 Eastern (8)
7 Metamorphic rock (6)
8 Urging on (11)
13 Rural (8)
15 Engraving (7)
16 Masticated (6)
18 Spanish title for a married woman (6)
20 Dislikes intensely (5)
22 Mother (4)

# PUZZLE 71

## Across

1 Anticipated (8)
5 Corrosive substance (4)
9 Stringed instrument (5)
10 Rowdy (7)
11 Relaxed; not tense (5)
12 Popular beverage (3)
13 Intended (5)
15 Beneath (5)
17 Female pronoun (3)
19 Leader or ruler (5)
20 Symbolic objects (7)
21 A satellite of Uranus (5)
22 Makes brown (4)
23 Similarity between different things (8)

## Down

1 Ornamentation (13)
2 Flat-bottomed boat (7)
3 Reticent; secretive (12)
4 Archimedes' famous cry (6)
6 Hit hard (5)
7 Repugnantly (13)
8 Circle amount (anag.) (12)
14 Snobbish (7)
16 Showy (6)
18 Red-chested bird (5)

# PUZZLE 72

## Across

1 Writing fluids (4)
3 Defensive walls (8)
9 Order (7)
10 Armature of an electric motor (5)
11 Louse egg (3)
12 Short treatise (5)
13 Contrapuntal composition (5)
15 Receive a ball in one's hands (5)
17 Jump over (5)
18 Part of a curve (3)
19 One who makes bread (5)
20 Unit of sound intensity (7)
21 Abiding; lasting (8)
22 Cultivated (4)

## Down

1 Unimaginable (13)
2 Tidily kept (5)
4 Assisting (6)
5 Firework display (12)
6 Take back (7)
7 Tactically (13)
8 Maker (12)
14 Threw out (7)
16 Connective tissue (6)
18 ___ Valletta: actress (5)

# PUZZLE 73

## Across

1 Occur (6)
4 Mammal related to the llama (6)
9 Made available for sale (7)
10 Boring (7)
11 Republic in the Middle East (5)
12 Swells (5)
14 Rotates (5)
17 Vault under a church (5)
19 Peak (5)
21 Large areas of land (7)
23 Treachery (7)
24 Pieces of writing (6)
25 Ranked based on merit (6)

## Down

1 Keep secret (4,2)
2 Literary composition (4)
3 Cover with a hard surface layer (7)
5 Towering (5)
6 Ill feeling (8)
7 Summing together (6)
8 Heavy fire of artillery (11)
13 Household cooling devices (8)
15 Spread widely (7)
16 Attack with severe criticism (6)
18 Flipped a coin (6)
20 Delicious (5)
22 Tailless amphibian (4)

# PUZZLE 74

## Across

1 Introductory (11)
9 Bandage that supports an arm (5)
10 Container for a drink (3)
11 These shine in the night sky (5)
12 Ascended (5)
13 Musical composition (8)
16 Corrected version (8)
18 Parasitic arachnids (5)
21 Lift up (5)
22 Cereal plant (3)
23 Welcome (5)
24 Very tall buildings (11)

## Down

2 Fugitive (7)
3 Have (7)
4 Destroyed (6)
5 Big cat (5)
6 Moves back and forth (5)
7 Painting genre (8,3)
8 Dogmatic (11)
14 Illuminate (5,2)
15 Guest (7)
17 Make beloved (6)
19 Verify (5)
20 Emits a breath of relief (5)

# PUZZLE 75

## Across

1 High-pitched flute (4)
3 Make physically used to something (8)
9 Good luck charms (7)
10 Show triumphant joy (5)
11 Fruit of a rose (3)
12 Immature insects (5)
13 Faithful (5)
15 Ahead of time (5)
17 Person who goes on long walks (5)
18 19th Greek letter (3)
19 Group of lions (5)
20 Type of quarry (7)
21 Making ineffective (8)
22 Salver (4)

## Down

1 A transient occurrence (5,2,3,3)
2 Fall heavily (5)
4 Expensive (6)
5 Joblessness (12)
6 Punched (7)
7 Where you were born (6,7)
8 Total confusion (12)
14 Vague understanding; hint (7)
16 Dried grape (6)
18 Come to a point (5)

# PUZZLE 76

## Across

1 Boring into (8)
5 Mace (anag.) (4)
8 Become ready to eat (of fruit) (5)
9 Study of animals (7)
10 Civil action brought to court (7)
12 Keep for future use (7)
14 Among (7)
16 Flower arrangement (7)
18 Pear-shaped fruit native to Mexico (7)
19 Happen again (5)
20 Welsh emblem (4)
21 Feud (8)

## Down

1 Challenge (4)
2 Urges to act (6)
3 Tarrying (9)
4 Spout (6)
6 Perennial flowering plant (6)
7 e.g. resident of Cairo (8)
11 Worn by the elements (9)
12 Precipitation (8)
13 On land (6)
14 Belonging to an earlier time (6)
15 Evoke (6)
17 Song for a solo voice (4)

# PUZZLE 77

## Across

1 Representative example (8)
5 Creative thought (4)
9 Alters (5)
10 Hawker (7)
11 Join together; merge (5)
12 Female sheep (3)
13 Unit of light (5)
15 Borders (5)
17 Sphere or globe (3)
19 Dwelling (5)
20 Odd (7)
21 Crumble (5)
22 Period of 365 days (4)
23 Competitions (8)

## Down

1 Affectedly (13)
2 Incrementing; elevating (7)
3 Doubting the truth of (12)
4 Mineral used to make plaster of Paris (6)
6 Research deeply (5)
7 Pleasantness (13)
8 Firm rebuke (12)
14 Containing water (7)
16 Small summerhouse (6)
18 Country in South East Asia (5)

# PUZZLE 78

## Across

1 Exude (6)
4 Stinging weed (6)
9 Flat highland (7)
10 Combined two or more metals (7)
11 Restraining straps (5)
12 Pointed weapon (5)
14 Settee (5)
15 Reverence for God (5)
17 Complete (5)
18 Reduce the worth of (7)
20 Sanction (7)
21 Tithes (anag.) (6)
22 Take into custody (6)

## Down

1 End of the period when something is valid (6)
2 Capable of being done (8)
3 Appears (5)
5 Official language of Britain (7)
6 Ancient city (4)
7 Eluded (6)
8 Sudden large increase (7,4)
13 Face-to-face conversation (3-2-3)
14 One-eyed giant (7)
15 One overly concerned with minor details (6)
16 Turn down (6)
17 Car windscreen cleaner (5)
19 Container for flowers (4)

# PUZZLE 79

## Across

**1** Assurance; composure (6)
**7** Stayed longer than necessary (8)
**8** Domesticated pig (3)
**9** Raise up (6)
**10** Capture a piece in chess (4)
**11** Oozes (5)
**13** Declaring (7)
**15** Irrigated (7)
**17** Partly melted snow (5)
**21** Neat in appearance (4)
**22** Plan (6)
**23** Cuddle (3)
**24** Plant of the primrose family (8)
**25** Wrongdoer (6)

## Down

**1** Capital of Greece (6)
**2** Bean (6)
**3** Short high-pitched tone (5)
**4** Inscribe (7)
**5** Act of conferring a gift (8)
**6** Calculate; think that (6)
**12** Introduction (8)
**14** Hour of going to sleep (7)
**16** Ordered arrangements (6)
**18** Poorly dressed child (6)
**19** Desire or craving (6)
**20** Examines quickly (5)

# PUZZLE 80

## Across

1 Encrypting (8)
5 Slightly open (4)
9 Humming sound (5)
10 Breathing aid in water (7)
11 Furnish; decorate (5)
12 That vessel (3)
13 Bony structure in the head (5)
15 Strong cords (5)
17 Charged particle (3)
19 Country in the Middle East (5)
20 Small fish (7)
21 Dismiss from office (5)
22 Thread (4)
23 Fighter in close combat (8)

## Down

1 Noteworthy and rare (13)
2 Superficial (7)
3 One who takes part in a protest (12)
4 Capital of the Bahamas (6)
6 Jests (5)
7 Amusement park ride (6,7)
8 Despair (12)
14 Bizarre (7)
16 Participant in a game (6)
18 More pleasant (5)

# PUZZLE 81

## Across

1 Compose a dance routine (11)
9 Quarrel (3)
10 Steals (5)
11 Commerce (5)
12 Bags (5)
13 Soaking in liquid (8)
16 Cigars (8)
18 Total disorder (5)
20 Muscular (5)
21 Type of tree (5)
22 Foot extremity (3)
23 Ghost (11)

## Down

2 Screams (5)
3 Small streams (5)
4 Musician playing a double-reed instrument (6)
5 Made a soft crackling sound (7)
6 Monumental Egyptian structure (7)
7 Able to be used (11)
8 Crises (11)
14 Keepsake; reminder (7)
15 Imitator (7)
17 Flammable material used to light a fire (6)
18 Equine animal (5)
19 Stove (anag.) (5)

# PUZZLE 82

## Across

1 Assign (8)
5 Stagnant; lazy (4)
9 Apprehended with certainty (5)
10 Grumbles (7)
11 Children's toy (12)
14 Performed an action (3)
15 Adjusted the pitch of (5)
16 Mountain pass (3)
17 Female singing voice (5-7)
20 Art of clipping shrubs decoratively (7)
22 Inducement (5)
23 Light beams from the sun (4)
24 Small loudspeakers (8)

## Down

1 Diving seabirds (4)
2 Garment worn by dancers (7)
3 In accordance with general custom (12)
4 Pull at (3)
6 Dance club (5)
7 Opposite of westerly (8)
8 Significant (12)
12 Wild dog of Australia (5)
13 Mileage tracker (8)
16 Succinct (7)
18 Lively (5)
19 Areas of ground for growing plants (4)
21 Deviate off course (3)

# PUZZLE 83

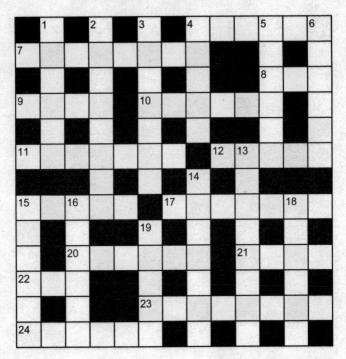

## Across

**4** Sayings (6)
**7** Read out loud (8)
**8** e.g. Hedwig in Harry Potter (3)
**9** Closed hand (4)
**10** Dwarfish creatures (6)
**11** Impetuous person (7)
**12** Manner of speaking (5)
**15** Wrong (5)
**17** Oscillate (7)
**20** Body shape (6)
**21** Not at home (4)
**22** In good health (3)
**23** Wrinkled; creased (8)
**24** Songlike cries (6)

## Down

**1** Building for gambling (6)
**2** Sticks used as supports (8)
**3** Symbols of disgrace (7)
**4** Goodbye (Spanish) (5)
**5** Slick and shiny (6)
**6** Moon goddess in Greek mythology (6)
**13** Aromatic herb (8)
**14** Gun (7)
**15** Light in texture and airy (of food) (6)
**16** Elevated off the ground (6)
**18** Flowering plant with a prickly stem (6)
**19** Bodies of water (5)

# PUZZLE 84

## Across

1 Deep regret (11)
9 Also (3)
10 Behaved (5)
11 Moods (anag.) (5)
12 Compositions in verse (5)
13 Concurring (8)
16 Large snake (8)
18 White heron (5)
20 State indirectly (5)
21 Maladroit (5)
22 Pair of actors (3)
23 Scaring (11)

## Down

2 Form of oxygen found in the atmosphere (5)
3 Takes part in a game (5)
4 Spice (6)
5 A child beginning to walk (7)
6 Diffusion of molecules through a membrane (7)
7 Condition in an agreement (11)
8 Official title (11)
14 More cheerful (7)
15 Imitating (7)
17 Imperfection (6)
18 Consumed (of food) (5)
19 Noble gas (5)

# PUZZLE 85

## Across

1 On the shore of a sea (8)
5 Matured (4)
9 Narrow pieces of land (5)
10 Unity (7)
11 Kitchen implement (7)
12 Place where something happens (5)
13 Disorderly disturbance (6)
14 Arm strengthening exercise (4-2)
17 Precise (5)
19 Flexible (7)
20 Exerts control over (7)
21 One who steals (5)
22 Increased in size (4)
23 Extravagant (8)

## Down

1 Having patience in spite of problems (4-9)
2 Musical composition (7)
3 Obfuscation (12)
4 Open declaration of affirmation (6)
6 Obtain information from various sources (5)
7 Rude (13)
8 Feeling depressed (5-7)
15 Open-meshed material (7)
16 Moral guardian (6)
18 Fruit (5)

# PUZZLE 86

## Across

1 Complain unreasonably (4)
3 Struggle helplessly (8)
9 Significance (7)
10 Loose scrums (rugby) (5)
11 International multi-sport event (7,5)
13 Taxed (6)
15 Whipped cream dessert (6)
17 UFO (6,6)
20 Receded (5)
21 Oval shape (7)
22 Liberties (8)
23 Backbone; fortitude (4)

## Down

1 Typically; usually (8)
2 Fully prepared (5)
4 Amount of money left in a will (6)
5 Not guided by good sense (12)
6 Wife of a duke (7)
7 Corrode (4)
8 Unsophisticated (6-6)
12 Most jolly (8)
14 Loquacious (7)
16 Shining (6)
18 Escapade (5)
19 Cow meat (4)

# PUZZLE 87

## Across

**1** Capturing interest (11)
**9** Knock vigorously (3)
**10** Leans at an angle (5)
**11** Sense experience (5)
**12** Extremely happy period (5)
**13** Disregarding oneself (8)
**16** Formally educated (8)
**18** Dreadful (5)
**20** Musical times (5)
**21** Bend or curl (5)
**22** Very small child (3)
**23** Practice of drawing maps (11)

## Down

**2** Put into use (5)
**3** Sum; add up (5)
**4** Measure of loudness (6)
**5** Bear witness (7)
**6** Not as quiet (7)
**7** Hinged; segmented (11)
**8** Coarse cotton gauze (11)
**14** Endurance (7)
**15** Excess of liabilities over assets (7)
**17** Border (6)
**18** First Greek letter (5)
**19** Retrieve (5)

# PUZZLE 88

## Across

**4** Distinctive mode of pronunciation (6)
**7** Enticing (8)
**8** Affirmative vote (3)
**9** Chicken (4)
**10** State of the USA (6)
**11** Pleading for something (7)
**12** Lacking enthusiasm; weary (5)
**15** Grimy (5)
**17** Ate a midday meal (7)
**20** Sprints (6)
**21** Area of a house (4)
**22** Life force (3)
**23** Debilitated (8)
**24** Call for the presence of (6)

## Down

**1** Recess (6)
**2** Natural illumination (8)
**3** Joining together (7)
**4** Representative (5)
**5** Deleted (6)
**6** Set in layers (6)
**13** Agreed (8)
**14** e.g. from Moscow (7)
**15** Dancing clubs (6)
**16** Element discovered by the Curies (6)
**18** Calls forth (6)
**19** Exhibited (5)

# PUZZLE 89

## Across

**1** Gave an account of (8)
**5** Fail totally (4)
**8** Be alive; be real (5)
**9** Mediterranean coastal region (7)
**10** Funnel-shaped river mouth (7)
**12** Letters (anag.) (7)
**14** Uncovers; reveals (7)
**16** Made a conjecture about (7)
**18** Completely enveloping (7)
**19** Restraint for an animal (5)
**20** Anxious; nervous (4)
**21** Individuality (8)

## Down

**1** Ostrichlike bird (4)
**2** Religious minister (6)
**3** Merchants who sell goods (9)
**4** Breadwinner (6)
**6** Margin of safety (6)
**7** Egg-laying mammal (8)
**11** Heavy-duty waterproof cloth (9)
**12** Stop progressing (8)
**13** Bloodsucking insect (6)
**14** Amended (6)
**15** Sightseeing trip in Africa (6)
**17** Dairy product (4)

# PUZZLE 90

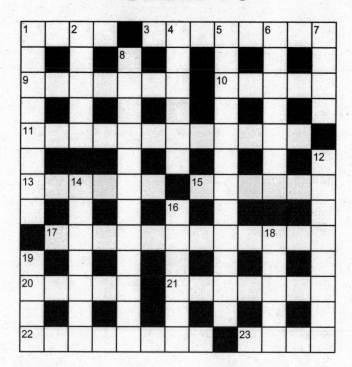

## Across

1 Scottish lake (4)
3 Capable of being satisfied (8)
9 Prompts (7)
10 Half of six (5)
11 Someone who sets up their own business (12)
13 Ignorant; unintelligent (6)
15 Accident (6)
17 Ability to see the future (12)
20 Ball of lead (5)
21 Pays no attention to (7)
22 Distribute (8)
23 Norse god of thunder (4)

## Down

1 Gift of money (8)
2 Celestial body (5)
4 Classify (6)
5 Growing stronger (12)
6 Administrative division (7)
7 Pitcher (4)
8 Not able to be confirmed (12)
12 Peacemaker (8)
14 Diacritical marks (7)
16 Helps; benefits (6)
18 Compass point (5)
19 Imitated (4)

# PUZZLE 91

## Across

**1** Dregs (8)
**5** Drop (4)
**9** Stage play (5)
**10** Venetian boat (7)
**11** Deceitfully (12)
**14** Deciduous tree (3)
**15** Long poems (5)
**16** Bleat of a sheep (3)
**17** Persistence (12)
**20** Holy place (7)
**22** Foam (5)
**23** Condemn to destruction (4)
**24** Animal that hunts (8)

## Down

**1** Team (4)
**2** Schematic (7)
**3** Calculations of dimensions (12)
**4** Annoy constantly (3)
**6** Select; choose (5)
**7** A period of 366 days (4,4)
**8** Inadequately manned (12)
**12** Join together (5)
**13** Hated (8)
**16** Withdraw from a commitment (4,3)
**18** Music with a recurrent theme (5)
**19** Singe; burn (4)
**21** Make imperfect (3)

# PUZZLE 92

## Across

1 Clear (8)
5 Adds (4)
9 Spring flower (5)
10 Act of awakening from sleep (7)
11 Allocations (7)
12 Japanese mattress (5)
13 Important topics for debate (6)
14 US state of islands (6)
17 Entertain (5)
19 Vast (7)
20 Stupid (7)
21 Game of chance (5)
22 Keeps on at (4)
23 Evaluates the quality of (8)

## Down

1 Firmness of purpose (13)
2 Military gestures (7)
3 Enhancements (12)
4 Unrefined (6)
6 Surprise result (5)
7 Magnificent (13)
8 Not catching fire easily (3-9)
15 Canopies (7)
16 12th sign of the zodiac (6)
18 Exploiting unfairly (5)

# PUZZLE 93

## Across

1 In an abundant and lush manner (11)
9 Assert that something is the case (5)
10 How (anag.) (3)
11 e.g. incisors and molars (5)
12 Kind of wheat (5)
13 Most pleased (8)
16 Loyal and hard-working (8)
18 From the capital of Italy (5)
21 Impair (5)
22 Hit high into the air (3)
23 Brushed clean (5)
24 Highest class in society (11)

## Down

2 Not tidy (7)
3 Liberate; release (7)
4 Son of Daedalus in Greek mythology (6)
5 Titled (5)
6 Bring down (5)
7 Well-known sentence (11)
8 Person describing a sports event (11)
14 Rattling noise (7)
15 Large ocean (7)
17 Dinner jacket (6)
19 District council head (5)
20 Birds lay their eggs in these (5)

# PUZZLE 94

## Across

1. Large loose hood (4)
3. Gets ready (8)
9. Requiring (7)
10. Imitative of the past (5)
11. Regal (5)
12. Redecorate (7)
13. Source of caviar (6)
15. Time of widespread glaciation (3,3)
17. Adolescent (7)
18. Muscular contraction (5)
20. Gemstones (5)
21. Fighter (7)
22. Move out the way of (8)
23. Inspired by reverence (4)

## Down

1. Things that are given (13)
2. Puny (5)
4. Esteem (6)
5. Shrewdness (12)
6. Greek white wine (7)
7. Easily angered (5-8)
8. Binoculars (5,7)
14. On the sheltered side (7)
16. Small stone (6)
19. Permit (5)

# PUZZLE 95

## Across

1 Unfurled (8)
5 Resistance unit (pl.) (4)
9 Move back and forth (5)
10 Enlarged; puffy (7)
11 Make damp (7)
12 Phantasm (5)
13 Take as being true (6)
14 Pacify (6)
17 Established custom (5)
19 Lessen (7)
20 Vehicle towed by another (7)
21 Type of lizard (5)
22 Portfolio (4)
23 Street cleaners (8)

## Down

1 Uncaring (13)
2 Dried grapes (7)
3 Lawfully (12)
4 Relaxing (6)
6 Common greeting (5)
7 Holier-than-thou (13)
8 Style of blues (6-6)
15 Prompting device for a TV presenter (7)
16 Cowers (anag.) (6)
18 Birds' bills (5)

# PUZZLE 96

## Across

1 Producing a discordant mix of sounds (11)
9 Eccentric; strange (3)
10 Finished (5)
11 Customary (5)
12 Tiny pore on a leaf (5)
13 Innate (8)
16 Circumspection (8)
18 Frustrated and annoyed (3,2)
20 Arm of a body of water (5)
21 Opposite of outer (5)
22 Not me (3)
23 Engagement (11)

## Down

2 Relating to sound (5)
3 24th Greek letter (5)
4 Concealed from view (6)
5 Small rounded lumps (7)
6 Restless (7)
7 The using up of a resource (11)
8 Prevent from continuing (4,3,4)
14 Form or accumulate steadily (5-2)
15 Fear of heights (7)
17 Large artillery gun (6)
18 Public meeting for open discussion (5)
19 Respected person in a field (5)

# PUZZLE 97

## Across

1 Speaks very quietly (8)
5 Couple (4)
9 Sages (anag.) (5)
10 Walks laboriously (7)
11 Planned in advance (12)
14 Prevent (3)
15 Sharp blade (5)
16 Male child (3)
17 Not on purpose (12)
20 Brother's children (7)
22 Gives off (5)
23 Extinct bird (4)
24 Plot outline for a play (8)

## Down

1 Hairpieces (4)
2 Provider of financial cover (7)
3 What p.m. stands for (4,8)
4 Inform upon (3)
6 Anxiety (5)
7 Permanent inhabitant (8)
8 Underground (12)
12 Twelve (5)
13 Got hold of (8)
16 Military person (7)
18 God of love (5)
19 Capital of Norway (4)
21 Dry (of wine) (3)

# PUZZLE 98

## Across

1 Unoccupied areas (6)
7 e.g. gels and emulsions (8)
8 Mouthpiece attached to a bridle (3)
9 Greatly respect (6)
10 Revolve around quickly (4)
11 Form of identification (5)
13 Showed a person to their seat (7)
15 Fame (7)
17 Weeps (5)
21 Opposite of least (4)
22 Edible plant tuber (6)
23 Pen point (3)
24 Church rules (5,3)
25 Open type of footwear (6)

## Down

1 Residential district (6)
2 Be present at (6)
3 Loose stones on a slope (5)
4 Quick look (7)
5 Renounce (8)
6 Regard with approval (6)
12 Whirling motion (8)
14 Collate (7)
16 Inhabitant of Troy (6)
18 Removed creases from clothes (6)
19 Token (6)
20 Cooks slowly in liquid (5)

# PUZZLE 99

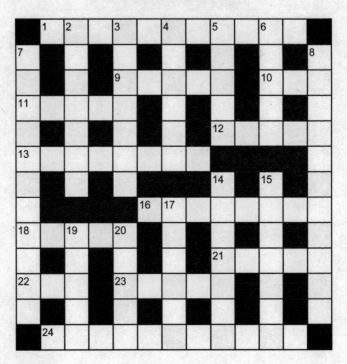

## Across

1. Inescapable (11)
9. Snake (5)
10. Annoy (3)
11. A woolly ruminant animal (5)
12. Shrub fence (5)
13. Move to another country (8)
16. Eland (8)
18. Mountain range in South America (5)
21. Sceptic (5)
22. Scientific workplace (abbrev.) (3)
23. Natural elevation (5)
24. Consisting of incomplete parts (11)

## Down

2. Goddess of retribution (7)
3. Bloodsucking creature (7)
4. Monist (anag.) (6)
5. Covered with water (5)
6. Cherished (5)
7. Unnecessary; superfluous (11)
8. Knowledgeable and accomplished (11)
14. Decline (7)
15. Less old (7)
17. Pasta strip (6)
19. Suspend; prevent (5)
20. Show indifference with the shoulders (5)

# PUZZLE 100

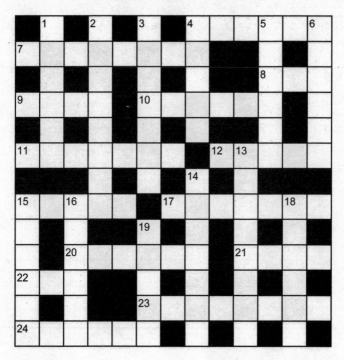

## Across

**4** Leaf stems (6)
**7** Daring (8)
**8** Regret with sadness (3)
**9** Fill to capacity (4)
**10** Provide (6)
**11** Bewitch (7)
**12** State of the USA (5)
**15** Waggish (5)
**17** Reasons for thinking something (7)
**20** Putting a question to (6)
**21** Ingredient in vegetarian cooking (4)
**22** Twitch (3)
**23** Put at risk (8)
**24** Judged (6)

## Down

**1** Move faster than (6)
**2** Beautiful mausoleum at Agra (3,5)
**3** Express disagreement (7)
**4** Slender woman or girl (5)
**5** Voice box (6)
**6** The rear parts of ships (6)
**13** Jubilant (8)
**14** Calamity (7)
**15** Removed dirt from (6)
**16** Mouthpiece of the gods (6)
**18** Disagree (6)
**19** Survived (5)

# PUZZLE 101

## Across

1  Get off (6)
4  Restraint (6)
9  Teller (7)
10  20th letter of the Greek alphabet (7)
11  Wise men (5)
12  Leases (5)
14  Regard highly (5)
15  Alert (5)
17  Removes the skin from (5)
18  Chatter (7)
20  Sedentary (7)
21  Step down from a job (6)
22  Steering devices (6)

## Down

1  Address a person boldly (6)
2  Distinguishing mark (8)
3  Shire (anag.) (5)
5  Ugly building (7)
6  Entrance corridor (4)
7  Competition stages (6)
8  Tendency to disintegrate (11)
13  Plummet (8)
14  Bestowing; conferring (7)
15  Domestic assistant (2,4)
16  Customary practices (6)
17  Piece of land (5)
19  Weapons (4)

# PUZZLE 102

## Across

1 Ability to produce a desired result (8)
5 Actor's part in a film (4)
9 European country (5)
10 Building (7)
11 Money paid for work (12)
13 Enforce compliance with (6)
14 Compensate for (6)
17 Person recovering from an illness (12)
20 Flight hub (7)
21 Embed; type of filling (5)
22 Throw a coin in the air (4)
23 Minute organisms in the sea (8)

## Down

1 Compass point (4)
2 Erupt suddenly (5-2)
3 Spanish adventurer (12)
4 Intelligent (6)
6 Small antelope (5)
7 Infinite time (8)
8 State of dissatisfaction (12)
12 Flying machine (8)
15 Sleeveless garment (7)
16 Pertaining to the teeth (6)
18 Standards (5)
19 Church song (4)

# PUZZLE 103

## Across

1 Dejection (11)
9 Fix the result in advance (3)
10 Remnant of a dying fire (5)
11 Dramatic musical work (5)
12 Ravine (5)
13 Unorthodox person (8)
16 Most saccharine (8)
18 Style of Greek architecture (5)
20 Tines (anag.) (5)
21 Up to the time when (5)
22 Level golf score (3)
23 Basically (11)

## Down

2 Keen (5)
3 Annoy (5)
4 Cloud of gas in space (6)
5 Dressed in a vestment (7)
6 Clique (7)
7 Happening in stages (11)
8 Past performances (5,6)
14 Temperature scale (7)
15 Written law (7)
17 Group of seven (6)
18 Triangular river mouth (5)
19 Push away (5)

# PUZZLE 104

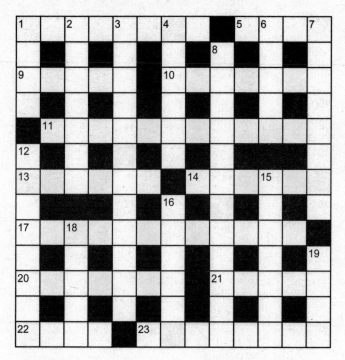

## Across

1 Locality (8)
5 Image of a god (4)
9 Relation by marriage (2-3)
10 Rampaging (7)
11 Occult (12)
13 Make (6)
14 Marked effect (6)
17 Crucial (3,9)
20 Pertaining to plants (7)
21 Lubricated (5)
22 Monetary unit of Spain (4)
23 Disperse (anag.) (8)

## Down

1 Head covering (4)
2 Conspire to commit a fraud (7)
3 Second part of the Bible (3,9)
4 Crowd (6)
6 Less moist (5)
7 Lawfulness (8)
8 Scornful (12)
12 Clamber (8)
15 Segmented worm (7)
16 Agree (6)
18 Coming after (5)
19 Chances of winning (4)

# PUZZLE 105

## Across

1 SI unit of thermodynamic temperature (6)
4 Boundary (6)
9 Act of reading carefully (7)
10 Type of photographic shot (5-2)
11 Twenty (5)
12 Latin American dance (5)
14 Nearby (5)
17 Become subject to (5)
19 Cloth woven from flax (5)
21 Clustered together (7)
23 Morally right (7)
24 More likely than not (4-2)
25 Relating to stars (6)

## Down

1 Acquired skills (6)
2 Crazy (informal) (4)
3 Forbidden by law (7)
5 Unpleasant giants (5)
6 Tyrannical (8)
7 Long swelling wave (6)
8 Considerable (11)
13 Set a boat in motion (8)
15 Female big cat (7)
16 Measure of how strongly an object reflects light (6)
18 Arranged like rays (6)
20 Tortilla topped with cheese (5)
22 Person who will inherit (4)

# PUZZLE 106

## Across

1 Part of the eye (6)
7 Religion (8)
8 Unit of current (3)
9 Doorway (6)
10 Right to hold property (4)
11 Derisive smile (5)
13 Encode (7)
15 Plotter (7)
17 Dines (anag.) (5)
21 Settee (4)
22 Domains (6)
23 Number of toes (3)
24 Chamber leading to a larger space (8)
25 Inclined (6)

## Down

1 Lifting devices (6)
2 Small wave (6)
3 Assists in a crime (5)
4 Confusing (7)
5 Progeny (8)
6 Not awake (6)
12 Raised (8)
14 Expression of blame (7)
16 Coronets (6)
18 Arch of the foot (6)
19 Gained deservedly (6)
20 Soothes (5)

# PUZZLE 107

## Across

1 Official language of Pakistan (4)
3 Go beyond a limit (8)
9 Competitors in a sprint (7)
10 Discourage (5)
11 Crawl (5)
12 See (7)
13 Changes; differs (6)
15 Exchanged goods (6)
17 Comments (7)
18 Staple (5)
20 Organ situated in the skull (5)
21 Mound made by insects (7)
22 Respected and admired (8)
23 Change direction suddenly (4)

## Down

1 Irretrievable (13)
2 Compact (5)
4 Sight (6)
5 Reallocate (12)
6 Taught (7)
7 Upright; vertical (13)
8 Re-emergence (12)
14 Fortification (7)
16 Get away from (6)
19 Ooze (5)

# PUZZLE 108

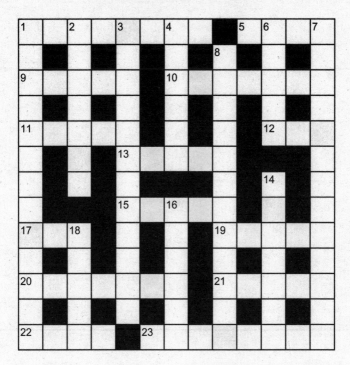

## Across

1 Vegetables (8)
5 Performs in a play (4)
9 Electronic device one clicks (5)
10 Relating to heat (7)
11 Heavily loaded (5)
12 Piece of pasture (3)
13 Remove paint from a wall (5)
15 Needing to be scratched (5)
17 Don (anag.) (3)
19 Sharp peak (5)
20 Go forward (7)
21 Long for (5)
22 Abominable snowman (4)
23 Designers of trendy clothes (8)

## Down

1 Given free of charge (13)
2 Careless mistake (7)
3 Astonishing; amazing (3-9)
4 One or the other of two (6)
6 Humped ruminant (5)
7 Conscious knowledge of oneself (4-9)
8 Highly abstract (12)
14 Winding shapes (7)
16 Customer (6)
18 Clod of turf (5)

# PUZZLE 109

## Across

1 Engraved inscription (8)
5 Turn or slide violently (of a vehicle) (4)
9 Supports (5)
10 Cue sport (7)
11 Intuitively designed (of a system) (4-8)
13 Concurred (6)
14 e.g. spring or winter (6)
17 Small meteor (8,4)
20 Imprisonment (7)
21 Sea duck (5)
22 Soft pulp; crush food (4)
23 Jewel (8)

## Down

1 Recedes (4)
2 Sharp tooth (7)
3 Revival of something (12)
4 Show-offs (6)
6 Found agreeable (5)
7 Fretting (8)
8 Vagrancy (12)
12 Pepper plant (8)
15 A placeholder name (2-3-2)
16 Biochemical catalyst (6)
18 Expels from a position (5)
19 Desire to act (4)

# PUZZLE 110

## Across

1 On top of (4)
3 Region of a shadow (8)
9 Absolutely incredible (7)
10 Violent weather (5)
11 Enclosed (5)
12 High spirits (7)
13 Bearlike (6)
15 Dogs (6)
17 Having three sections (7)
18 Prophet (5)
20 Uproarious party or fight (5)
21 Large marine flatfish (7)
22 Passing (of time) (8)
23 Rage (anag.) (4)

## Down

1 Inexplicable (13)
2 Removes the lid (5)
4 Flattened out (6)
5 Untimely (12)
6 Exhaling air (7)
7 Person who manages the affairs of an insolvent company (13)
8 Birds of prey (6,6)
14 Film directed by Stephen Gaghan (7)
16 Snake (6)
19 Triangular wall part (5)

# PUZZLE 111

## Across

1  Ascot cat (anag.) (8)
5  Fraud (4)
9  Sacred song (5)
10  Protective layers (7)
11  Regardless of (12)
13  Sphere; territory (6)
14  Lament (6)
17  Verification (12)
20  Narrower (7)
21  Purchaser (5)
22  24-hour periods (4)
23  Wild flower (8)

## Down

1  Exhausts (4)
2  Rearranged letters of a word (7)
3  Contests (12)
4  Spring flowers (6)
6  Capital of Vietnam (5)
7  Extremely accomplished (8)
8  Intolerable (12)
12  Taught (8)
15  Assistant; follower (7)
16  Without ethics (6)
18  Clamorous (5)
19  Spoken test (4)

# PUZZLE 112

## Across

1 Calmly (8)
5 High-value playing cards (4)
8 Measuring stick (5)
9 e.g. primrose and lemon (7)
10 Retaliatory action (7)
12 Puts out of shape (7)
14 Last longer than (a rival) (7)
16 Pledged to marry (7)
18 Quivering singing effect (7)
19 Name applied to something (5)
20 Chance taken (4)
21 Of many different kinds (8)

## Down

1 Free from doubt (4)
2 Respite (6)
3 Rearing; caring for (9)
4 Relays (anag.) (6)
6 Fussy (6)
7 Sororal (8)
11 Case (9)
12 Deserter (8)
13 Wading birds (6)
14 Detestable (6)
15 European flatfish (6)
17 Clothed (4)

# PUZZLE 113

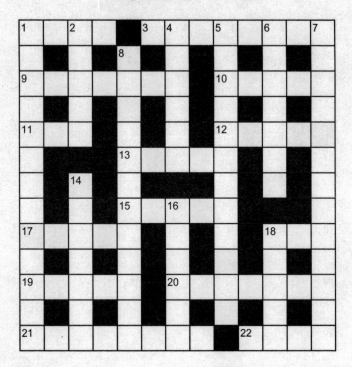

## Across

1 Crush or grind food with the teeth (4)
3 Official orders (8)
9 Sudden increase (7)
10 Capital of South Korea (5)
11 Your (poetic) (3)
12 Foot joint (5)
13 Bird sound; chirp (5)
15 Individual things (5)
17 Lag behind (5)
18 Small amount of something (3)
19 Burning (5)
20 Necessary (7)
21 Type of bag (8)
22 At liberty (4)

## Down

1 Respond aggressively to military action (7-6)
2 English homework assignment (5)
4 Street (6)
5 Displeased (12)
6 Box of useful equipment (7)
7 25th anniversary celebration (6,7)
8 Productivity (12)
14 Musical wind instrument (7)
16 Symbolic (6)
18 Postpone (5)

# PUZZLE 114

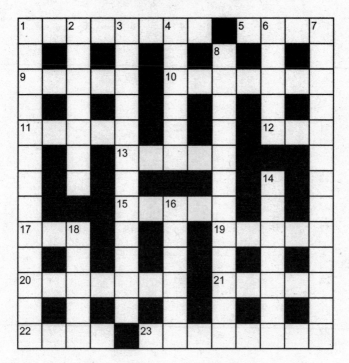

## Across

1 Undo a shirt (8)
5 Large desert in Asia (4)
9 Animal life of a region (5)
10 Aural pain (7)
11 Assesses performance (5)
12 Tear (3)
13 Perhaps (5)
15 Projecting horizontal ledge (5)
17 Cease (3)
19 Stage (5)
20 Extinguish a candle (4,3)
21 Loft (5)
22 Fencing sword (4)
23 Apprehended (8)

## Down

1 Incapable of being anticipated (13)
2 Directly; without delicacy (7)
3 Act of sending a message (12)
4 Excessively (6)
6 Take place (5)
7 Wet behind the ears (13)
8 Most prominent position (5,2,5)
14 Group of four (7)
16 Christian festival (6)
18 Semiconductor (5)

# PUZZLE 115

## Across

1 Opposite of pull (4)
3 Announce publicly (8)
9 Signs up (7)
10 Fortune-telling card (5)
11 External (5)
12 Tympanic membrane (7)
13 One of the halogens (6)
15 Smile affectedly (6)
17 Non-professional (7)
18 Deciduous coniferous tree (5)
20 Levy (5)
21 Infective agents (7)
22 Boating (8)
23 Undergarments (4)

## Down

1 Principally (13)
2 Divide; separate (5)
4 Dared; exposed to danger (6)
5 Butterfly larvae (12)
6 Deliver by parachute (3-4)
7 Process of transformation (of an insect) (13)
8 Separation; alienation (12)
14 Severe (7)
16 Tried and tested (6)
19 Vertical part of a step (5)

# PUZZLE 116

## Across

1 Adhesive putty (6)
7 Created in the house (8)
8 Drink a little (3)
9 Surface film; coating (6)
10 Hold tightly (4)
11 Levels; ranks (5)
13 Sayings (7)
15 Scratched (7)
17 Pile (5)
21 Small shelters (4)
22 Deciduous flowering shrub (6)
23 Wager (3)
24 Song for several voices (8)
25 Muggy (6)

## Down

1 Outsider (6)
2 Flexible (6)
3 Group of singers (5)
4 Understanding of another (7)
5 Person who leaves a
   country (8)
6 Suggestion (6)
12 Restore confidence to (8)
14 Make insane (7)
16 Casual (anag.) (6)
18 Language (6)
19 Very difficult or complex (6)
20 Sends out in the post (5)

# PUZZLE 117

## Across

1 Financial sponsor (11)
9 Cut grass (3)
10 Amounts of medicine (5)
11 Visual representation (5)
12 Pointed projectile (5)
13 Evaluator (8)
16 Fairness (8)
18 Woody-stemmed plant (5)
20 Distinguishing characteristic (5)
21 Word of farewell (5)
22 Wonder (3)
23 Examine in detail (11)

## Down

2 More recent (5)
3 Equip (5)
4 Desires (6)
5 Interiors (7)
6 Large area of land (7)
7 Restlessly (11)
8 Enthusiastic supporter (11)
14 Polygon having ten sides (7)
15 Install; establish (7)
17 Screw up one's eyes (6)
18 Opposite of old (5)
19 Seashore (5)

# PUZZLE 118

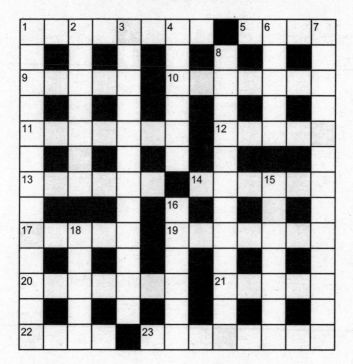

## Across

1 Supplemental part of a book (8)
5 Second-hand (4)
9 Belonging to them (5)
10 Concepts (7)
11 Most tidy (7)
12 Spring flower (5)
13 Spreads out and apart (6)
14 Pay no attention to (6)
17 Nationality of Oscar Wilde (5)
19 Termite (anag.) (7)
20 Shine faintly (7)
21 Yellow citrus fruit (5)
22 Spool-like toy (4)
23 Acceptance of something as true (8)

## Down

1 Amazingly (13)
2 Come out on top (7)
3 Short story or poem for children (7,5)
4 Inborn (6)
6 Frown (5)
7 Act of vanishing (13)
8 Determined (6-6)
15 Piece of furniture (7)
16 Closer (6)
18 Coldly (5)

# PUZZLE 119

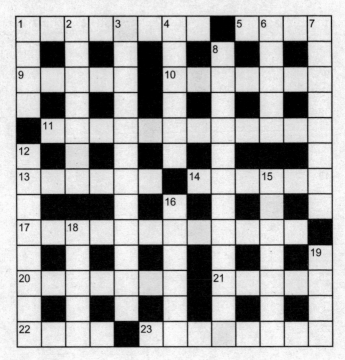

## Across

1 Large wine bottle (8)
5 Reasons; explanations (4)
9 Group of shots (5)
10 More spacious (7)
11 Very upsetting (5-7)
13 Weird (6)
14 Small pet rodent (6)
17 Someone skilled in penmanship (12)
20 Competitor (7)
21 Country in southern Asia (5)
22 Numerous (4)
23 Exaggerated emotion (8)

## Down

1 Fair (4)
2 Release someone from duty (7)
3 Pertaining to a person's life (12)
4 Atmospheric phenomenon (6)
6 Port-au-Prince is the capital here (5)
7 Try hard to escape (8)
8 Compensate for (12)
12 Frozen dessert (3,5)
15 Electric mixing machine (7)
16 Foamy (6)
18 Language of the Romans (5)
19 Statistics and facts (4)

# PUZZLE 120

## Across

1  The acting out of a particular part (4,4)
5  Domesticated ox (4)
9  Lesser (5)
10 Paid no attention to (7)
11 Molasses (7)
12 Peers (5)
13 Of the universe (6)
14 Opposite of an acid (6)
17 Maritime (5)
19 Rational; reasonable (7)
20 Prepared for an exam (7)
21 Moved by air (5)
22 Covers; tops (4)
23 Set free (8)

## Down

1  Device for changing TV channel (6,7)
2  Horizontal supporting beams (7)
3  Provincialism (12)
4  Lived by (6)
6  Mistake (5)
7  Lacking in control (13)
8  Comprehensible (12)
15 Heavy metal weights (7)
16 Solemn promise (6)
18 Brilliant and clear (5)

# PUZZLE 121

## Across

1 Act of stealing (5)
4 Flowing bodies of water (7)
7 Goes through carefully (5)
8 Revere (8)
9 Promotional wording (5)
11 Provided a service (8)
15 Places of worship (8)
17 Stead (anag.) (5)
19 Popular lunch food (8)
20 Nimble (5)
21 Tropical cyclone (7)
22 Find the solution (5)

## Down

1 Crossed (9)
2 Opposite of morning (7)
3 Contest (7)
4 Fine-drawn (6)
5 Fit for consumption (6)
6 Move as fast as possible (5)
10 Parts of earth supporting life (9)
12 Acknowledgements (7)
13 Wither (7)
14 Affluence (6)
16 Abode of God (6)
18 Wrathful (5)

# PUZZLE 122

## Across

1 Determination; doggedness (8)
5 Hit with a lash (4)
9 Deep fissure (5)
10 Antelope (5)
11 Absolution (10)
14 Coiffure (6)
15 Depression from a meteor impact (6)
17 Originality; innovation (10)
20 West Indian dance (5)
21 Rejuvenate (5)
22 Stage of twilight (4)
23 Cutlery used to stir a drink (8)

## Down

1 Short nail (4)
2 Ark builder (4)
3 Official praise (12)
4 Person who buys and sells shares (6)
6 Bulbous perennial herb (8)
7 Unnecessary concern with minutiae (8)
8 Erase trumpet (anag.) (12)
12 Laughed (8)
13 Difficult choices (8)
16 Elegant and slender (6)
18 After the beginning of (4)
19 White aquatic bird (4)

# PUZZLE 123

## Across

**1** Area of sand (5)
**4** Assemble (7)
**7** Tend a fire (5)
**8** Circle of constant longitude (8)
**9** Rupture (5)
**11** Ancestral lines of descent (8)
**15** Stationery devices (8)
**17** Small cut (5)
**19** Fantastic (8)
**20** Cooked in hot fat (5)
**21** Puzzle (7)
**22** Upright (5)

## Down

**1** Innocent (9)
**2** Loving deeply (7)
**3** Protective helmet (4,3)
**4** Glass container (6)
**5** Dye used as a test of acidity (6)
**6** Baked sweet treats (5)
**10** Very sensitive (of information) (3,6)
**12** Improve equipment (7)
**13** Foliage (7)
**14** Consent to receive (6)
**16** Written agreement (6)
**18** Anxious (5)

# PUZZLE 124

## Across

1 Small insect (6)
4 Anew (6)
9 Brought forth (7)
10 Undoing a knot (7)
11 Draw off liquid from (5)
12 One side of a gem (5)
14 Linear measures of three feet (5)
17 Walk (5)
19 Competed in a speed contest (5)
21 Recites as a chant (7)
23 Soft toffee (7)
24 Lethargic; sleepy (6)
25 Vend again (6)

## Down

1 Surround (6)
2 Underground plant part (4)
3 Irreverence (7)
5 Grew fainter (5)
6 Swap (8)
7 Concealing (6)
8 Prominent (4,7)
13 Piece for a soloist and orchestra (8)
15 Degree of eminence (7)
16 Red cab (anag.) (6)
18 Dreary (6)
20 Ditches (5)
22 Short letter (4)

# PUZZLE 125

## Across

| | |
|---|---|
| **4** | Pieces of bread (6) |
| **7** | Parroted (anag.) (8) |
| **8** | First woman (3) |
| **9** | Intense anger (4) |
| **10** | Cared for (6) |
| **11** | Distances (7) |
| **12** | Silk fabric (5) |
| **15** | Musical toy (5) |
| **17** | Supply; provide (7) |
| **20** | What bees collect (6) |
| **21** | Departed (4) |
| **22** | Space or interval (3) |
| **23** | Hostilities (8) |
| **24** | Makes spick and span (6) |

## Down

| | |
|---|---|
| **1** | Recreate (6) |
| **2** | Chord played in rapid succession (8) |
| **3** | Share; portion (7) |
| **4** | Urges on (5) |
| **5** | Recognition (6) |
| **6** | Country in North Europe (6) |
| **13** | Renounce or reject (8) |
| **14** | e.g. Jones or Smith (7) |
| **15** | Chess piece (6) |
| **16** | Moved at high speed (6) |
| **18** | Deeply recessed (of someone's eyes) (6) |
| **19** | Ice masses (5) |

# PUZZLE 126

## Across

1 Scottish dish (6)
7 With great haste (8)
8 Used to be (3)
9 Spread out awkwardly (6)
10 Musical or vocal sound (4)
11 Very foolish (5)
13 Asserted without proof (7)
15 The growth of crystals (7)
17 More secure (5)
21 Wingless jumping insect (4)
22 Hidden (6)
23 Touch gently (3)
24 Crusade (8)
25 Displayed freely (6)

## Down

1 Offered goods for sale (6)
2 Informal chatter (6)
3 Country in North East Africa (5)
4 In a nimble manner (7)
5 Detested thing (8)
6 Quick look (6)
12 Measure of the heat content of a system (8)
14 Give reasons for (7)
16 Post (6)
18 Made to fill a space precisely (6)
19 Torn (of clothes) (6)
20 Large pebble (5)

# PUZZLE 127

## Across

1 Recollect (8)
5 Arduous journey (4)
9 Last (5)
10 Bring together (5)
11 A decrease in loudness (10)
14 Standards of perfection (6)
15 Complainer (6)
17 Antibiotic (10)
20 Supply sparingly (5)
21 Type of jazz (5)
22 Female rabbits (4)
23 Fabric strips for covering wounds (8)

## Down

1 Crack (4)
2 Dynasty in China (4)
3 A large number (12)
4 Greek mathematician (6)
6 Regnant (8)
7 Musical instrument (8)
8 Dark towering cloud (12)
12 Inclined; got rid of (8)
13 During the intervening period (8)
16 Worldwide (6)
18 Having inherent ability (4)
19 Mocks (4)

# PUZZLE 128

## Across

1 A redeeming quality (6,5)
9 Particle that holds quarks together (5)
10 Great sorrow (3)
11 Programmer (5)
12 Tennis stroke (5)
13 Worm (8)
16 Of striking appropriateness (8)
18 Bolt for fastening metal plates (5)
21 Kind of beet (5)
22 Domestic bovine animal (3)
23 Capital of Bulgaria (5)
24 Pun (4,2,5)

## Down

2 Learning institution (7)
3 Person who shows no gratitude (7)
4 Estimated (6)
5 Positions in a hierarchy (5)
6 Crouch down in fear (5)
7 Dismantle (11)
8 Calm and sensible (5-6)
14 Vent for molten lava (7)
15 Widened (7)
17 Seabird (6)
19 Speech sound (5)
20 Petulant (5)

# PUZZLE 129

## Across

| | |
|---|---|
| 1 | Sleep disorder (8) |
| 5 | Engrave with acid (4) |
| 9 | Mythical monster (5) |
| 10 | In the middle (7) |
| 11 | Woodland plant (7) |
| 12 | The beginning of an era (5) |
| 13 | Sixth planet from the sun (6) |
| 14 | Festival (6) |
| 17 | Loose garments (5) |
| 19 | Brook (7) |
| 20 | Convent (7) |
| 21 | Wide (5) |
| 22 | Female sheep (pl.) (4) |
| 23 | Fervently (8) |

## Down

| | |
|---|---|
| 1 | Inflexibility (13) |
| 2 | Tardiest (7) |
| 3 | Poorly fed (12) |
| 4 | Units of linear measure (6) |
| 6 | Trunk of the body (5) |
| 7 | Unenthusiastically (4-9) |
| 8 | Hard to fathom (12) |
| 15 | Abandon one's principles (4,3) |
| 16 | Request made to God (6) |
| 18 | Flinch away in pain (5) |

# PUZZLE 130

## Across

1 Improved equipment (8)
5 Remnant (4)
9 Remote in manner (5)
10 Upstart; one who has recently gained wealth (7)
11 Feeling of fear (5)
12 Came across (3)
13 Things to be done (5)
15 Corpulent (5)
17 Annoy (3)
19 Take delight in (5)
20 Cyclone (7)
21 Ruined; rendered inoperable (5)
22 Boring (4)
23 Austere people (8)

## Down

1 Not fully valued (13)
2 Adult (5-2)
3 Loving (12)
4 Gets rid of (6)
6 Unit of heat (5)
7 Copious abundance (13)
8 Capable of being moved (12)
14 Pasta pockets (7)
16 Background actors (6)
18 Tiny crustaceans (5)

# PUZZLE 131

## Across

1 Walks unsteadily (8)
5 Cobras (4)
9 Garment with sleeves (5)
10 Volcanic crater (7)
11 Orcas (6,6)
13 Isolated inlet of the sea (6)
14 Free of an obstruction (6)
17 First part of the Bible (3,9)
20 Fatuously (7)
21 Pass a rope through (5)
22 Swallow eagerly (4)
23 Teacher (8)

## Down

1 Neither good nor bad (2-2)
2 Combining (7)
3 Metal device for removing tops (6,6)
4 Bodyguard (6)
6 What Harry Potter might cast (5)
7 Area of the zodiac (4,4)
8 Using both letters and numerals (12)
12 Permitting (8)
15 Not strict (7)
16 Remained in a certain place (6)
18 Speak in a slow manner (5)
19 Scorch (4)

# PUZZLE 132

## Across

1 Copies (6)
4 Stationary part of a motor (6)
9 Weigh down (7)
10 Not anything (7)
11 Grave and serious (5)
12 Very masculine (5)
14 Japanese food (5)
17 Grasslike marsh plant (5)
19 Approaches (5)
21 Indigenous people (7)
23 Brushed off the face (of hair) (7)
24 Continent (6)
25 University lecturer (6)

## Down

1 Large wine bottle (6)
2 Has to (4)
3 Gambling houses (7)
5 Sorts (5)
6 Quivered (8)
7 Popular holiday destination (6)
8 Experts on a subject (11)
13 Skin care product (8)
15 Form of an element (7)
16 Undergo a hardship (6)
18 Simpler (6)
20 Clean with a brush (5)
22 Sell (4)

# PUZZLE 133

## Across

**4** Changes position (6)
**7** Relating to speech sounds (8)
**8** Flexible container (3)
**9** Lien (anag.) (4)
**10** Hot spice (6)
**11** Listening (7)
**12** Fills a suitcase (5)
**15** Makes dirty (5)
**17** Pseudoscience (7)
**20** Charge with a crime (6)
**21** Decays (4)
**22** Place where one sees animals (3)
**23** Top boat in a fleet (8)
**24** Without difficulty (6)

## Down

**1** Selection (6)
**2** Whole; complete (8)
**3** Method of presenting a play (7)
**4** Barely sufficient (5)
**5** Material; textile (6)
**6** Landmarks; spectacles (6)
**13** Pithy saying (8)
**14** Floating wreckage (7)
**15** Crackle (6)
**16** Expressions (6)
**18** A system of measurement (6)
**19** A moment (5)

# PUZZLE 134

## Across

**1** Parrot sound (6)
**4** Activities (6)
**9** Print anew (7)
**10** A percussion instrument (7)
**11** Recipient of money (5)
**12** Small earrings (5)
**14** Stroll (5)
**15** Let air escape from a valve (5)
**17** Turned to ice (5)
**18** Become more precipitous (7)
**20** Type of cooking apple (7)
**21** Live in (6)
**22** Equine sounds (6)

## Down

**1** Morsels of food (6)
**2** Vehicle with one wheel (8)
**3** Use inefficiently; rubbish (5)
**5** Exploit to excess (7)
**6** Standard (4)
**7** Drinking tubes (6)
**8** A recollection (11)
**13** Motionless (8)
**14** Formally approved (7)
**15** Street musician (6)
**16** Marsh plants (6)
**17** Type of sweet (5)
**19** Large deer (pl.) (4)

# PUZZLE 135

## Across

1 One who tells a story (8)
5 Encourage in wrongdoing (4)
9 Stir milk (5)
10 Small-scale model (7)
11 Dispirited (12)
13 Spanish rice dish (6)
14 Marble (anag.) (6)
17 Repetition of the same sound (12)
20 Slight earthquakes (7)
21 Plant flower (5)
22 Relax and do little (4)
23 Undefeated (8)

## Down

1 Pleasant (4)
2 Procedure; standard (7)
3 Complete destruction (12)
4 Trying experience (6)
6 Physical strength (5)
7 Back and forth (2,3,3)
8 Despicable (12)
12 Scatter upon impact (8)
15 Person who keeps watch (7)
16 Prayer (6)
18 Looks slyly (5)
19 Superhero film based on comic characters (1-3)

# PUZZLE 136

## Across

1 Makes better (11)
9 Mend (3)
10 Alleviate (5)
11 Divide by cutting (5)
12 Cruel or severe (5)
13 Overly concerned with detail (8)
16 Floating masses of frozen water (8)
18 Mark of insertion (5)
20 Put in considerable effort (5)
21 Rinse out (5)
22 Four-wheeled road vehicle (3)
23 Freedom from dirt (11)

## Down

2 Food blender (5)
3 Permeate gradually (5)
4 Constrain or compel (6)
5 Terrible (7)
6 Lift up (7)
7 Where one finds Kabul (11)
8 Science of farming (11)
14 Health or fitness examination (7)
15 Salt lake in the Jordan valley (4,3)
17 Cordial (6)
18 Large intestine (5)
19 Competes in a speed contest (5)

# PUZZLE 137

## Across

**4** Entertains (6)
**7** Horrifying (8)
**8** Religious sister (3)
**9** Killer whale (4)
**10** Grumpy person (6)
**11** Confident (7)
**12** Way in (5)
**15** Targeted (5)
**17** Pledge (7)
**20** Lunatic (6)
**21** Case of film (4)
**22** Single in number (3)
**23** Provides with (8)
**24** Seek to hurt (6)

## Down

**1** Dull household tasks (6)
**2** Gratification (8)
**3** Prickles (7)
**4** Softly radiant (5)
**5** Item worn on the head on a hot day (3,3)
**6** Soldier who keeps guard (6)
**13** Words representing numbers (8)
**14** Rule of personal conduct (7)
**15** Long-haired variety of cat (6)
**16** An instant in time (6)
**18** Dual audio (6)
**19** Small sales stand (5)

# PUZZLE 138

## Across

1 Causing a blockage (11)
9 Large mast (5)
10 Strong drink (3)
11 Ape (abbrev.) (5)
12 Tortoise carapace (5)
13 Wrongdoings (8)
16 Diabolical (8)
18 Extinct birds (5)
21 Large fruit with pulpy flesh (5)
22 Not (anag.) (3)
23 Recycle (5)
24 Plan beforehand (11)

## Down

2 Most active (7)
3 Pushed over (7)
4 Remove goods from a van (6)
5 Melodies (5)
6 Edge or border (5)
7 Make room for (11)
8 Trifling sum of money (5,6)
14 Illness (7)
15 Form of speech specific to a region (7)
17 Followed (6)
19 Person who eats in a restaurant (5)
20 Play a guitar (5)

# PUZZLE 139

## Across

1 Artist such as Picasso or Braque (6)
4 Get hold of (6)
9 Stopping (7)
10 Tortilla rolled around a filling (7)
11 Begin (5)
12 Leg bone (5)
14 Endures (5)
17 Less narrow (5)
19 Toys flown in the wind (5)
21 Cultured; elegant (7)
23 Capital of Ontario (7)
24 Evades (6)
25 Young swan (6)

## Down

1 Fighting between armed forces (6)
2 Ale (4)
3 Strongly influencing later developments (7)
5 Strips of leather worn around the waist (5)
6 Excited or annoyed (8)
7 Invalidate; nullify (6)
8 Type of fat (11)
13 Pounded heavily (8)
15 Quickly (7)
16 Moved over ice (6)
18 Gnawing animal like a rat (6)
20 From that time (5)
22 Word that identifies a thing (4)

# PUZZLE 140

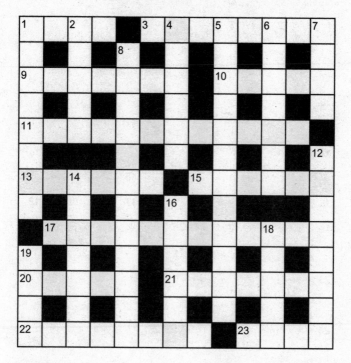

## Across

1 Delves into (4)
3 Card game (8)
9 Stand for small objects (7)
10 Mingle with something else (5)
11 Forcible indoctrination (12)
13 Self-supporting structures (6)
15 Get by with what is available (4,2)
17 Middleman (12)
20 Currently in progress (5)
21 Variety of rummy (7)
22 Diabolically cruel (8)
23 Legendary story (4)

## Down

1 Pessimistic (8)
2 Tropical fruit (5)
4 Real (6)
5 Emergency touchdown (5-7)
6 Love; genre of fiction (7)
7 Main body of a book (4)
8 Indifferent to (12)
12 Person of varied learning (8)
14 Comfort (7)
16 Loose protective garments (6)
18 Test or examine a metal (5)
19 Child who has no home (4)

# PUZZLE 141

## Across

1 Comfort in times of misfortune (6)
4 Rough drawing (6)
9 Freshness (7)
10 Wears away (7)
11 Stable compartment (5)
12 Third Greek letter (5)
14 Coarse (5)
17 Felt concern or interest (5)
19 Stage items (5)
21 Observes (7)
23 Plain and clear (7)
24 Erase (6)
25 Revolve quickly (6)

## Down

1 Jumped up (6)
2 Place where a wild animal lives (4)
3 Pertaining to the heart (7)
5 Flightless birds (5)
6 Person aged 13 - 19 (8)
7 Jostle (6)
8 Tools; utensils (11)
13 Monument (8)
15 Blissful state (7)
16 Move apart (6)
18 Quantity of medicine to take (6)
20 Tasting of sugar (5)
22 Caribbean country (4)

# PUZZLE 142

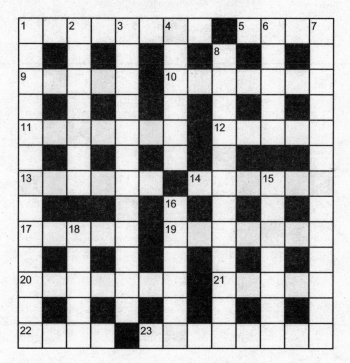

## Across

**1** Formed a mental concept of (8)
**5** Skin mark from a wound (4)
**9** Destroy (3,2)
**10** Scraping something with the fingernails (7)
**11** Changes gradually (7)
**12** Microscopic fungus (5)
**13** Uncertain (6)
**14** Fierce or domineering woman (6)
**17** Solemn promises (5)
**19** Day trips (7)
**20** People who cut wood (7)
**21** Angry (5)
**22** Three feet length (4)
**23** Opposites (8)

## Down

**1** In a disbelieving manner (13)
**2** Writers (7)
**3** Made poor (12)
**4** Forgive for a fault (6)
**6** Porcelain (5)
**7** Virtuousness (13)
**8** Intricate and confusing (12)
**15** Plants that live a year or less (7)
**16** Toxin (6)
**18** Tall structure on a castle (5)

# PUZZLE 143

## Across

1. Stylish; high quality (6)
4. Lays eggs (6)
9. Raging fire (7)
10. Exile; fugitive (7)
11. Held on tightly (5)
12. Eat steadily (5)
14. Religious book (5)
15. Floral leaf (5)
17. Australian marsupial (5)
18. Pungent gas (7)
20. Type of treatment for a disorder (7)
21. Mock (6)
22. Nearer (6)

## Down

1. Settle decisively (6)
2. Wealthy (8)
3. Small branch (5)
5. Scent; smell (7)
6. Part of a bird (4)
7. Spoken address (6)
8. Confirm (11)
13. In these times (8)
14. Flashed on and off (7)
15. Culminated (6)
16. Legal practitioner (6)
17. Genuflect (5)
19. Bleak upland (4)

# PUZZLE 144

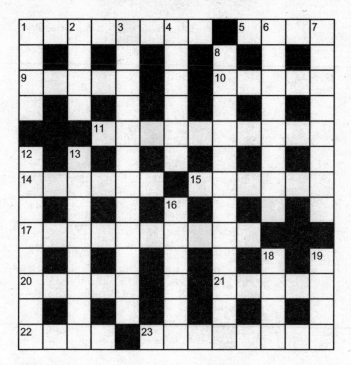

## Across

1 Plan anew (8)
5 Young sheep (4)
9 Effluent system (5)
10 Precious stone (5)
11 Stifling (10)
14 Less quiet (6)
15 Body of running water (6)
17 Heraldic lily (5-2-3)
20 Follow the position of (5)
21 Wet thoroughly (5)
22 Concave roof (4)
23 e.g. hats and helmets (8)

## Down

1 Optimistic (4)
2 Opposite of up (4)
3 Sweet red fruits (12)
4 Bet (6)
6 Flight carriers (8)
7 e.g. rugby or tennis (4,4)
8 Lost in thought (6-6)
12 Destined to fail (3-5)
13 Tepid (8)
16 Place of worship (6)
18 Seethe (4)
19 Endure; large animal (4)

# PUZZLE 145

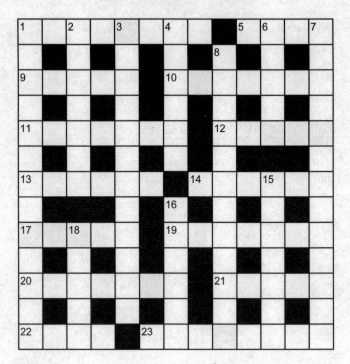

## Across

1 Unify (8)
5 Poses a question (4)
9 Period of darkness (5)
10 Grotesque monster (7)
11 Leading (anag.) (7)
12 Core group; basic unit (5)
13 Loud blast of sound (6)
14 Hinder (6)
17 Accumulate (5)
19 Mischievous children (7)
20 Writing fluid holder (7)
21 Accustom (5)
22 Topical information (4)
23 Small pincers (8)

## Down

1 Series of linked things (13)
2 More irate (7)
3 Device for putting out fires (12)
4 Large insect (6)
6 Spirited horse (5)
7 Brazenness (13)
8 Restrict within limits (12)
15 Connoisseur; gourmet (7)
16 Make illegal (6)
18 Awry; wrong (5)

# PUZZLE 146

## Across

1 Dairy product (4)
3 Exaggerated (8)
9 Promotes commercially (7)
10 Sense of seeing (5)
11 Pertaining to the ear (5)
12 Opposite of later (7)
13 Causes a sharp pain (6)
15 Figure of speech (6)
17 Side of a coin bearing the head (7)
18 Substance exuded by some trees (5)
20 Extraterrestrial (5)
21 Valence (anag.) (7)
22 Commonplace (8)
23 Comedy sketch (4)

## Down

1 Sympathetic and merciful (13)
2 Less common (5)
4 Ship (6)
5 Minimum purchase cost at auction (7,5)
6 Continuing (7)
7 Amusement (13)
8 Hostility (12)
14 Type of bill (7)
16 Swiss city (6)
19 Predatory marine fish (5)

# PUZZLE 147

## Across

4  Vibration (6)
7  Free from error (8)
8  Rocky hill (3)
9  Game played on horseback (4)
10  Character of a person (6)
11  Characteristics (7)
12  Shapely (5)
15  View; picture (5)
17  Considerate; diplomatic (7)
20  Half-conscious state (6)
21  Urban area (4)
22  Type of statistical chart (3)
23  Paternal (8)
24  Soul; spirit (6)

## Down

1  Exclusive newspaper stories (6)
2  e.g. from Italy or Spain (8)
3  Wealthy businessperson (7)
4  Tries out (5)
5  Extraterrestrial rock (6)
6  Make less dense (6)
13  Having no name (of a book) (8)
14  One's mother and father (7)
15  Increase in intensity (4,2)
16  Restaurant (6)
18  Ill (6)
19  Cutting instrument (5)

# PUZZLE 148

## Across

1 Semi-precious agate (4)
3 Rigorous appraisal (4,4)
9 Accomplish (7)
10 Enclosed (of animals) (5)
11 Informally (12)
13 Intense beams of light (6)
15 Notable inconvenience (6)
17 Feeling let down (12)
20 Good sense; reasoning (5)
21 Regeneration (7)
22 Sunshades (8)
23 Slender (4)

## Down

1 Obscurely (8)
2 Loutish person (5)
4 Compel by intimidation (6)
5 Formal announcements (12)
6 Envelops (7)
7 Periodic movement of the sea (4)
8 Renditions (12)
12 Clock timing device (8)
14 Sharp painful blow (7)
16 Helix (6)
18 Absorbent cloth (5)
19 Small flashing dot on a radar screen (4)

# PUZZLE 149

## Across

**1** Legal entitlements (6)
**4** Ablaze (6)
**9** Things that evoke reactions (7)
**10** Tiredness (7)
**11** Dog leashes (5)
**12** Refine metal (5)
**14** Penitent (5)
**15** Impertinence (5)
**17** Perspire (5)
**18** Natural environment (7)
**20** Prowlers (7)
**21** Hackneyed statement (6)
**22** Academy Awards (6)

## Down

**1** Steal livestock (6)
**2** Direction; general help (8)
**3** Timber framework (5)
**5** Fanciful daydream (7)
**6** Highly excited (4)
**7** Person with detailed knowledge (6)
**8** Not in the same way (11)
**13** And so on (2,6)
**14** Streaks (anag.) (7)
**15** Roman military unit (6)
**16** Stagnation or inactivity (6)
**17** Rides the waves (5)
**19** Boyfriend or male admirer (4)

# PUZZLE 150

## Across

1 Dependence (8)
5 Volcano in Sicily (4)
9 Felts (anag.) (5)
10 Item of clothing (7)
11 Spin quickly (5)
12 Water barrier (3)
13 Male relation (5)
15 School tests (5)
17 Cry (3)
19 Type of chemical bond (5)
20 Steeps in liquid (7)
21 Of the nose (5)
22 Droops (4)
23 Great adulation (8)

## Down

1 Connections or associations (13)
2 Raising (7)
3 Completeness (12)
4 Brandy (6)
6 Pattern (5)
7 In a reflex manner (13)
8 Opposite of amateur (12)
14 Inclination (7)
16 Entertained (6)
18 Confuse or obscure (5)

# PUZZLE 151

## Across

1  State of the USA (4)
3  A quarter of a circle (8)
9  Time between events (7)
10 Go away from quickly (5)
11 Lyres (5)
12 e.g. biology (7)
13 Divide into two parts (6)
15 Representation of a plan or theory (6)
17 Thin paper products used for wiping (7)
18 Care for; look after (5)
20 Constructed (5)
21 Clear perception (7)
22 Improving the mind; enlightening (8)
23 Close securely; aquatic mammal (4)

## Down

1  Unsuitable for living in (13)
2  Religious table (5)
4  Uncover (6)
5  Clarity (12)
6  Place in order (7)
7  Unpredictable (13)
8  Long athletics race (5-7)
14 Japanese dish of raw fish (7)
16 Mete out (6)
19 Scoundrel (5)

# PUZZLE 152

## Across

1 Style and movement in art (6)
4 e.g. time a tennis shot badly (6)
9 Speaks ill of (7)
10 Element with atomic number 31 (7)
11 Insurgent (5)
12 Mountain cry (5)
14 Scheme intended to deceive (3-2)
17 Lumberjack (5)
19 Extreme (5)
21 Country whose capital is Reykjavik (7)
23 Sweet icing (7)
24 Removed unwanted plants (6)
25 Send for sale overseas (6)

## Down

1 Rough and uneven (of a cliff) (6)
2 Scoop water out of a boat (4)
3 Airless (anag.) (7)
5 Lazy person (5)
6 Intellectual (8)
7 Scuffle (6)
8 Unending life (11)
13 Space between two objects (8)
15 Mythical bird (7)
16 Laugh boisterously (6)
18 Extremely fashionable; scalding (3-3)
20 Become less intense (5)
22 Too (4)

# PUZZLE 153

## Across

1 Waffling on (8)
5 Affirm solemnly (4)
9 Small firework (5)
10 Transparent envelope panels (7)
11 Street (12)
14 Protective cover (3)
15 Underground enlarged stem (5)
16 Wetland (3)
17 Explanatory (12)
20 Decorative style of design (3,4)
22 Round cap (5)
23 Trees of the genus Ulmus (4)
24 Criminal (8)

## Down

1 Lowest adult male singing voice (4)
2 Swept (7)
3 Scientific research rooms (12)
4 At the present time (3)
6 Flowering plant (5)
7 Cowboy films (8)
8 Unkind; unsympathetic (12)
12 Brown earth pigment (5)
13 Last (8)
16 Highly excited (7)
18 Motet (anag.) (5)
19 Agitate (4)
21 Clumsy person (3)

# PUZZLE 154

## Across

**1** Worrying problem (8)
**5** Seize (4)
**8** Allowed by official rules (5)
**9** Back pain (7)
**10** Exhilarated (7)
**12** Marsh (7)
**14** Expression of sorrow (7)
**16** Scowled (7)
**18** Surround entirely (7)
**19** Social division in some societies (5)
**20** Aromatic herb (4)
**21** Wild prank (8)

## Down

**1** Grasp (4)
**2** Month (6)
**3** Semiaquatic reptile (9)
**4** Aided (6)
**6** Cooks in the oven (6)
**7** Large open road (8)
**11** Famous queen of Egypt (9)
**12** Highly educated (4-4)
**13** Pivot (6)
**14** Takes up (6)
**15** Top aim (anag.) (6)
**17** Allot justice (4)

# PUZZLE 155

## Across

1 Period of ten years (6)
4 Sausage in a roll (3,3)
9 A particular item (7)
10 Coped (7)
11 Shabby and worn (5)
12 Strong desires (5)
14 Facial protuberances (5)
15 Showing a willingness to achieve results (3-2)
17 Large waterbirds (5)
18 Perfect happiness (7)
20 Bands of connective tissue (7)
21 Added together (6)
22 Detects; feels (6)

## Down

1 Scarcity (6)
2 Quotation (8)
3 Uncertain; risky (5)
5 Foreboding (7)
6 Haul (4)
7 Steers (6)
8 Show (11)
13 Unselfish (8)
14 Newsworthy (7)
15 Official population count (6)
16 Wild animals (6)
17 Variety or kind (5)
19 Quantity of paper (4)

# PUZZLE 156

## Across

1 Make weak (8)
5 Finish (4)
9 Tiny piece of food (5)
10 Commendation (7)
11 Making no money (12)
14 Attempt to do (3)
15 Pertaining to bees (5)
16 Having a high temperature (3)
17 Scolding (8-4)
20 Derived from living matter (7)
22 Assembly of witches (5)
23 Slanting; crooked (4)
24 Protect from harm (8)

## Down

1 Every (4)
2 Ability to speak another language very well (7)
3 Awkward (12)
4 Ignited (3)
6 Part of the hand (5)
7 Gifts (8)
8 Easy targets (7,5)
12 Pretend (5)
13 Scholarly (8)
16 Nevertheless (7)
18 A score of two under par on a hole (golf) (5)
19 Leg joint (4)
21 Dove sound (3)

# PUZZLE 157

## Across

1 Went away (4)
3 Branch of mathematics (8)
9 Small apes (7)
10 Ski run (5)
11 Improvement in a condition (12)
13 US monetary unit (6)
15 State of matter (6)
17 Relating to farming (12)
20 Lady (5)
21 Viewing (7)
22 Lose (8)
23 Make a garment using wool (4)

## Down

1 Dawdlers (8)
2 Legend (5)
4 Soak up (6)
5 Surrender (12)
6 Periods of instruction (7)
7 Perceives (4)
8 Inspiring action (12)
12 Illumination from the sun (8)
14 Peas and beans (7)
16 Communal (6)
18 Rule (5)
19 Move in water (4)

# PUZZLE 158

## Across

1 Seriousness (8)
5 Not odd (of a number) (4)
9 Lawful (5)
10 Computer keyboard users (7)
11 Unseen observer (3,2,3,4)
14 What a hen lays (3)
15 Implant (5)
16 Violate a law of God (3)
17 Now and then (12)
20 Distant settlement (7)
22 Let (5)
23 Cloth worn around the waist (4)
24 Military people (8)

## Down

1 Performance by one actor (4)
2 Accumulation of uncompleted work (7)
3 Shyness (12)
4 Exclamation of contempt (3)
6 View (5)
7 Holding close (8)
8 Stretched out completely (12)
12 Avoided by social custom (5)
13 Seemly (8)
16 Recover (7)
18 Gives as a reference (5)
19 Small green vegetables (4)
21 Half of four (3)

# PUZZLE 159

## Across

1 Experienced pain (8)
5 Long narrative poem (4)
9 Portion (5)
10 Jumpy (7)
11 Gently (7)
12 Valuable thing (5)
13 Woman in charge of nursing (6)
14 Getting older (6)
17 Beastly (5)
19 Aerial (7)
20 Funny (7)
21 Incision; indent (5)
22 System of contemplation (4)
23 An unwelcome person; invader (8)

## Down

1 Additional (13)
2 Cargo (7)
3 Decomposition by a current (12)
4 Relishes (6)
6 Earnest appeals (5)
7 Codebreaker (13)
8 Starting here (anag.) (12)
15 Caused to catch fire (7)
16 Edge (6)
18 Wounded by a wasp (5)

# PUZZLE 160

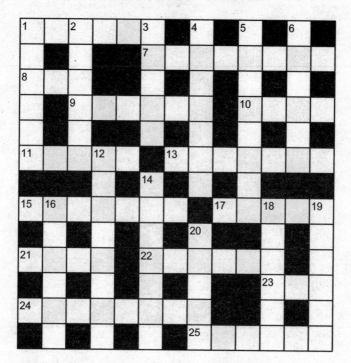

## Across

1 Public square in Italy (6)
7 Say mean things about another (8)
8 Soft animal hair (3)
9 Largest South American country (6)
10 The sound a pig makes (4)
11 Work tables (5)
13 Made irate (7)
15 Large cushion for sitting on (7)
17 Suit (5)
21 Greek god of war (4)
22 Jumped (6)
23 Man's best friend (3)
24 Impudent (8)
25 Increased rapidly (6)

## Down

1 Breathless (6)
2 Commercial aircraft (6)
3 Humming (5)
4 Climbing up (7)
5 Out of date (8)
6 Body position (6)
12 Capital of Jamaica (8)
14 Exchanges of several strokes in tennis (7)
16 Straying from the right course (6)
18 Livestock food (6)
19 Swollen; congested (6)
20 Accurate pieces of information (5)

# PUZZLE 161

## Across

1 Imposing (8)
5 Smile broadly (4)
9 Outdo (5)
10 Answering correctly (7)
11 Possessor (5)
12 Organ of sight (3)
13 Contest (5)
15 Takes a break (5)
17 Lubricate (3)
19 Mortal (5)
20 Attributed to (7)
21 Wanderer (5)
22 Ring a bell (4)
23 Investigate (8)

## Down

1 Weather forecaster (13)
2 Periodical (7)
3 Large grocery stores (12)
4 Arthropod (6)
6 Select class (5)
7 Direction to which a compass points (8,5)
8 Framework for washed garments (7,5)
14 Russian tea urn (7)
16 Smear or blur (6)
18 Folded back part of a coat (5)

# PUZZLE 162

## Across

1 e.g. Shakespeare and Bernard Shaw (11)
9 Dark wood (5)
10 Excellent serve (3)
11 Evil spirit (5)
12 Tie; snag (5)
13 Not necessary (8)
16 Uncertain (8)
18 Monastery church (5)
21 Sully or blemish (5)
22 Legal ruling (3)
23 Loots (anag.) (5)
24 Dejected (11)

## Down

2 Departing (7)
3 Gave way to pressure (7)
4 Novice (6)
5 Sculptured symbol (5)
6 Browned bread (5)
7 Formidable (of a person) (11)
8 Holland (11)
14 At the ocean floor (7)
15 Friendly (7)
17 Unique (3-3)
19 Shady spot under trees (5)
20 Abominable snowmen (5)

# PUZZLE 163

## Across

1 Depressions (4)
3 Not genuine (8)
9 Highest singing voice (7)
10 Type of tooth (5)
11 Study of human societies (12)
13 Artefacts (6)
15 Sour to the taste (6)
17 Unfriendly (12)
20 Collection of maps (5)
21 Fact of being overly absorbed in oneself (7)
22 Social insect (8)
23 Fix (4)

## Down

1 Gives up any hope (8)
2 Songbird (5)
4 On time (6)
5 Difficulty (12)
6 Duty-bound (7)
7 Painful (4)
8 Unpredictably (12)
12 Shouted very loudly (8)
14 Animal fat (7)
16 Ball-shaped object (6)
18 Newly-wed (5)
19 Run quickly (4)

# PUZZLE 164

## Across

**1** Deep ditches (8)
**5** African country (4)
**9** Spike used by a climber (5)
**10** Part of a gun (7)
**11** Sporadic (12)
**14** Be in debt (3)
**15** Mother-of-pearl (5)
**16** Head covering (3)
**17** Uncertain (12)
**20** Involve in conflict (7)
**22** Teacher (5)
**23** Sprinkled with seed (4)
**24** Tries (8)

## Down

**1** Knocks lightly (4)
**2** Friendly understanding (7)
**3** Strong censure (12)
**4** Young newt (3)
**6** Debate in a heated manner (5)
**7** Cause frustration (8)
**8** Chatter (6-6)
**12** Piece of code to automate a task (5)
**13** Bunches of flowers (8)
**16** Summit (7)
**18** Arm joint (5)
**19** Spheres (4)
**21** Allow (3)

# PUZZLE 165

## Across

4 Actually (6)
7 Cunning; contrivance (8)
8 Small legume (3)
9 Not hard (4)
10 Willow twigs (6)
11 Upward slopes (7)
12 Having a stale smell (5)
15 Quick and active (5)
17 Wanted (7)
20 Long strips of cloth (6)
21 What we hear with (4)
22 Flightless bird (3)
23 Database of information (8)
24 Reactive metal (6)

## Down

1 Dribbles (6)
2 Pain or anguish (8)
3 Italian dish (7)
4 Ancient object (5)
5 Temporary failures of concentration (6)
6 Annually (6)
13 Cosmos (8)
14 An oral communication (7)
15 Harasses; hems in (6)
16 Supplied or distributed (6)
18 Mistakes (6)
19 Beguile (5)

# PUZZLE 166

## Across

1 Involving pairs (6)
4 Extinguish (a fire) (6)
9 Walk unsteadily (7)
10 Responded to (7)
11 Ancient harps (5)
12 Sticky (5)
14 Group (5)
15 Arose from slumber (5)
17 Piece of furniture (5)
18 Country in northwestern Africa (7)
20 Smiled broadly (7)
21 Oily substance (6)
22 Individual (6)

## Down

1 Common volcanic rock (6)
2 Neutral particle with negligible mass (8)
3 Loose outer garments (5)
5 Dig out of the ground (7)
6 Immediately following (4)
7 Period of prosperity (6)
8 Branch of medicine dealing with skin disorders (11)
13 Joins together (8)
14 Park seats (7)
15 Intending (6)
16 Make less sensitive (6)
17 Garbage or drivel (5)
19 Dominion (4)

# PUZZLE 167

## Across

1 Wounds (8)
5 South American country (4)
8 Enlighten; educate (5)
9 Downbeat (7)
10 One who places bets (7)
12 Contempt (7)
14 Imaginary creature (7)
16 Routine dental visit (5-2)
18 Large extinct elephant (7)
19 Flow with a whirling motion (5)
20 Symbol with magic significance (4)
21 Powerfully (8)

## Down

1 Individual article or unit (4)
2 Fruit drinks (6)
3 Capital of Iceland (9)
4 Banner or flag (6)
6 Matches (6)
7 Support (8)
11 Public declaration of policy (9)
12 Musical instrument with wire strings (8)
13 Language spoken in Berlin (6)
14 Outcome (6)
15 Seeping (6)
17 Fill or satiate (4)

# PUZZLE 168

## Across

1 Sayings (11)
9 Come together (3)
10 Very informal phrases (5)
11 Angry dispute (3-2)
12 Send money (5)
13 Withers (8)
16 Having a strong smell (8)
18 Variety show (5)
20 Data entered into a system (5)
21 Cake decoration (5)
22 Intentionally so written (3)
23 Defect in the eye (11)

## Down

2 Vascular tissue in plants (5)
3 Restore factory settings (5)
4 Seek out (6)
5 Fix deeply (7)
6 Subtleties (7)
7 Frustrating (11)
8 Infinite knowledge (11)
14 Barrel makers (7)
15 Type of vermouth (7)
17 Weak through age or illness (6)
18 Correct (5)
19 Close-fitting garments (5)

# PUZZLE 169

## Across

**4** Exceptionally large or successful (6)

**7** Unjustly (8)

**8** Edge of a cup (3)

**9** Moved through water (4)

**10** Stops (6)

**11** Money owed that should have been paid (7)

**12** Hidden storage space (5)

**15** Search a person; leap playfully (5)

**17** Obstruction (7)

**20** For the time being (3,3)

**21** Proper (4)

**22** Disapproving sound (3)

**23** Have a wavy motion (8)

**24** Hate (6)

## Down

**1** Reply (6)

**2** Composure (8)

**3** Obtain (7)

**4** Minor road (5)

**5** Unit of astronomical length (6)

**6** Wander without a route (6)

**13** Suddenly (8)

**14** Artificial (3-4)

**15** Disallow; prevent (6)

**16** Bring into a country (6)

**18** Proclamations (6)

**19** Corpulent (5)

# PUZZLE 170

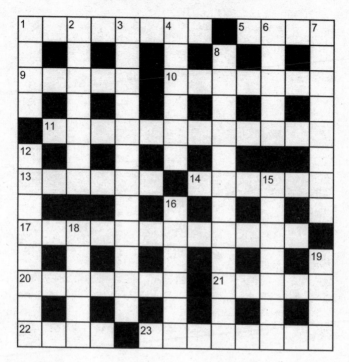

## Across

1 One totally opposed to violence (8)
5 Moat (anag.) (4)
9 Surface upon which one walks (5)
10 Exertions (7)
11 Unpleasant (12)
13 Egg-shaped solids (6)
14 Flash intermittently (6)
17 Devoted to music (12)
20 Firmly (7)
21 Darkness (5)
22 Fathers (4)
23 Versions of a book (8)

## Down

1 Light blast of wind (4)
2 Spicy Spanish sausage (7)
3 Preservative chemical (12)
4 Rubs (6)
6 Palpitate (5)
7 Overcame (8)
8 An idea that is added later (12)
12 Serene and assured (8)
15 River in South America (7)
16 Made a victim of (6)
18 Lazed (5)
19 Flightless birds (4)

# PUZZLE 171

## Across

1 Primitive plant (4)
3 Act of retaliation (8)
9 Melody; a song (7)
10 Conveys an action without words (5)
11 Developmental (12)
13 Title of Roman emperors (6)
15 Sandstone constituent (6)
17 Cameraman (12)
20 Of the moon (5)
21 Alternative forms of genes (7)
22 Firmness (8)
23 Bovine animals (4)

## Down

1 Group of spectators (8)
2 Enthusiasm (5)
4 Have as a consequence (6)
5 Amorously (12)
6 Japanese warrior (7)
7 Tilt to one side (4)
8 Made (12)
12 Military post (8)
14 Type of alcohol (7)
16 Struck by overwhelming shock (6)
18 Coiled curve (5)
19 With the addition of (4)

# PUZZLE 172

## Across

1  Device that regulates water flow (8)
5  Put down gently (4)
9  The Hunter (constellation) (5)
10  Cure-alls (7)
11  Evenly balanced (5)
12  Mineral spring (3)
13  Circle a planet (5)
15  Tripod for an artist (5)
17  Gone by (of time) (3)
19  Exceed; perform better than (5)
20  Firmly; closely (7)
21  Plantain lily (5)
22  Bond movie (2,2)
23  Impressive manner of a person (8)

## Down

1  Overwhelmed with sorrow (6-7)
2  Time off (7)
3  Bring together into a mass (12)
4  Winged child (6)
6  Wrong (5)
7  Unemotional (13)
8  Garments worn in bed (12)
14  Skilled worker (7)
16  Woodcutter (6)
18  Musical instrument (5)

# PUZZLE 173

## Across

**1** Small bottles (5)
**4** Devise beforehand (7)
**7** Used up (5)
**8** Farm vehicles (8)
**9** Becomes worn at the edges (5)
**11** Control (8)
**15** Disease caused by a lack of thiamine (8)
**17** Notices (5)
**19** Aggressor (8)
**20** Applauds (5)
**21** Takes into custody (7)
**22** Momentary oversight (5)

## Down

**1** Wins (9)
**2** Accuse of a wrong (7)
**3** Majestic (7)
**4** Tropical bird (6)
**5** Sapper (anag.) (6)
**6** Harass; frustrate (5)
**10** Musical note (9)
**12** Stronghold (7)
**13** Type of computer (7)
**14** Level plain without trees (6)
**16** Goes inside (6)
**18** Directly opposite in character (5)

# PUZZLE 174

## Across

1 Mimic (11)
9 Greenish-bronze fish (5)
10 Floor mat (3)
11 Roman country house (5)
12 Increase in size (5)
13 Liked sea (anag.) (8)
16 Orations (8)
18 Slabs of peat for fuel (5)
21 Clean spiritually (5)
22 Cause friction (3)
23 Female relatives (5)
24 Pain in a person's belly (7,4)

## Down

2 Anthropoid (7)
3 Diplomatic building (7)
4 Appeared to be (6)
5 Titles (5)
6 Abrupt (5)
7 Unintentional (11)
8 Quality of being timeless (11)
14 Type of diving (4-3)
15 Value greatly (7)
17 Meal eaten outdoors (6)
19 Refute by evidence (5)
20 Group of bees (5)

# PUZZLE 175

## Across

1 Dawn (8)
5 Molten rock (4)
9 Warning noise from an emergency vehicle (5)
10 Conjuring up feelings (7)
11 Efficient (12)
14 e.g. pecan (3)
15 Move slowly (5)
16 What a painter creates (3)
17 Showed (12)
20 Distribute illicitly (7)
22 Phrase that is not taken literally (5)
23 At any time (4)
24 Ornamental jet of water (8)

## Down

1 Group of actors in a show (4)
2 Morally depraved (7)
3 In a persuasive manner (12)
4 Material from which a metal is extracted (3)
6 Excuse or pretext (5)
7 Increases (8)
8 Act of discussing something; deliberation (12)
12 Praise highly (5)
13 Unfit for consumption (of food) (8)
16 United States (7)
18 Type of large deer (5)
19 So be it (4)
21 Sticky substance (3)

# PUZZLE 176

## Across

**1** Creating an evocative mood (11)
**9** Issue legal proceedings (3)
**10** Perfect (5)
**11** Inactive (5)
**12** Passageway (5)
**13** Glue (8)
**16** Unending (8)
**18** Acer tree (5)
**20** Hurts (5)
**21** Not illuminated (5)
**22** Consumed food (3)
**23** Designed for usefulness (11)

## Down

**2** Arduous journeys (5)
**3** Expect; think that (5)
**4** Removed the skin (6)
**5** Make more entertaining (7)
**6** Acquire as an heir (7)
**7** Founded (11)
**8** Easily angered (3-8)
**14** Offend the modesty of (7)
**15** Uncommon (7)
**17** Plaque (6)
**18** A thing that measures (5)
**19** Public square (5)

# PUZZLE 177

## Across

**1** Sorcerer (8)
**5** Smudge (4)
**9** Relinquish (5)
**10** A rich mine; big prize (7)
**11** Penny-pinching (12)
**13** Large quantity (6)
**14** Distorts (6)
**17** Lacking courage (5-7)
**20** Rides a horse at pace (7)
**21** Impossible to see round (of a bend) (5)
**22** Long pointed tooth (4)
**23** Substance causing a reaction (8)

## Down

**1** Vex (4)
**2** Wreath of flowers (7)
**3** Sample of a larger group (5,7)
**4** Collections of photos (6)
**6** Foreign language (informal) (5)
**7** Re-evaluate (8)
**8** Not capable of reply (12)
**12** Fierce contest (8)
**15** Appearing to be (7)
**16** Small carnivorous mammal (6)
**18** Spends time doing nothing (5)
**19** Paradise garden (4)

# PUZZLE 178

## Across

1 Go wrong (8)
5 Horse and donkey offspring (4)
9 Stringed instrument (5)
10 Plausible; defensible (7)
11 Characteristic of the present (12)
14 Was in first place (3)
15 Sweetener (5)
16 Adult males (3)
17 Heart specialist (12)
20 Decreased (7)
22 Slow down (5)
23 Midday (4)
24 Always in a similar role (of an actor) (8)

## Down

1 Stream or small river (4)
2 Substance such as a gel or emulsion (7)
3 Principal face of a building (12)
4 Degenerate (3)
6 Shadow (5)
7 All people (8)
8 Incurably bad (12)
12 Tycoon (5)
13 Elementary particle (8)
16 Eyelash cosmetic (7)
18 Cowboy exhibition (5)
19 Spiciness (4)
21 Not wet (3)

# PUZZLE 179

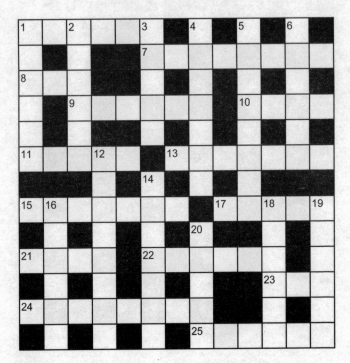

## Across

1 Precious red gems (6)
7 Stone of great size (8)
8 Feather scarf (3)
9 Harbinger of spring (6)
10 Subsequently (4)
11 Musical sounds (5)
13 Approve or support (7)
15 Attacks (7)
17 Raves (5)
21 Worry about (4)
22 Refill (6)
23 Female deer (3)
24 Very attractive (of personality) (8)
25 Wears away (6)

## Down

1 Vigorous; strong and healthy (6)
2 Visible warning device (6)
3 Puff on a cigarette (5)
4 Stuck on the bottom (of a ship) (7)
5 Excessive amount of something (8)
6 Guides (6)
12 Praising highly (8)
14 Bordeaux wines (7)
16 Long thin line or band (6)
18 Inclined one's head to show approval (6)
19 Slumbers (6)
20 Piece of bread (5)

# PUZZLE 180

## Across

1 Intricately (11)
9 Milky fluid found in some plants (5)
10 Animal doctor (3)
11 Petite (5)
12 Bend (5)
13 How a crab moves (8)
16 Pink wading bird (8)
18 Promised (5)
21 Lives (anag.) (5)
22 Auction item (3)
23 More ashen in appearance (5)
24 Coordinate (11)

## Down

2 Four-legged reptiles (7)
3 Roars (7)
4 Revolving around an axis (6)
5 Poisonous (5)
6 Organ (5)
7 Compulsively (11)
8 Energetically or vigorously (11)
14 Tallest species of penguin (7)
15 Restrain (7)
17 Soup spoons (6)
19 Liquid essential for life (5)
20 Extent (5)

# PUZZLE 181

## Across

1  Leans (8)
5  Injure (4)
9  Sag (5)
10  Goes back on a promise (7)
11  Besmirch (5)
12  Long and narrow inlet (3)
13  Stylishness and originality (5)
15  Fad (5)
17  Form of public transport (3)
19  Sound loudly (5)
20  Withdraw from a commitment (4,3)
21  Astonish (5)
22  Wooden crosspiece attached to animals (4)
23  Person who supports a cause (8)

## Down

1  Ineffably (13)
2  Act of preparing food (7)
3  Flaw (12)
4  Mistakes in printed matter (6)
6  Tool for boring holes (5)
7  Ineptitude in running a business (13)
8  Not having a backbone (12)
14  Issue forth (7)
16  Became less intense (6)
18  Smug smile (5)

# PUZZLE 182

## Across

**1** Sentimentality (4)
**3** Children beginning to walk (8)
**9** Sanction something reluctantly (7)
**10** Small woodland (5)
**11** The ? symbol (8,4)
**13** Exertion (6)
**15** Brandy distilled from cherries (6)
**17** Not allowable (12)
**20** Spiritual nourishment (5)
**21** Laugh (7)
**22** Intensified (8)
**23** Participate in a game (4)

## Down

**1** Old World monkeys (8)
**2** e.g. taste or touch (5)
**4** State of the USA (6)
**5** Withdraw from service (12)
**6** Sells abroad (7)
**7** Look for (4)
**8** Person studying after a first degree (12)
**12** Felony (8)
**14** Provide money for (7)
**16** Mistake in snooker; blunder (6)
**18** Asian pepper plant (5)
**19** Among (4)

# PUZZLE 183

## Across

1 Most recent (6)
4 Monks live in these (6)
9 Perform magic tricks (7)
10 Lock of curly hair (7)
11 Jumps in the air (5)
12 One over par (golf) (5)
14 Hazy (5)
15 Hunt (5)
17 Bring about (5)
18 West Indian musical style (7)
20 Overturned (7)
21 Procession (6)
22 Arachnid (6)

## Down

1 Place where something is set (6)
2 Country in East Africa (8)
3 Becomes acrimonious (5)
5 Eventually (2,3,2)
6 Morally wicked (4)
7 Gently (6)
8 Praiseworthy (11)
13 Focused and level-headed (8)
14 Sent by sea (7)
15 Gather or collect (4,2)
16 Seller (6)
17 Inexpensive (5)
19 Fibber (4)

# PUZZLE 184

## Across

1 Inner surface of the hand (4)
3 Reverie (8)
9 Drive back by force (7)
10 Plant stalks (5)
11 Seeped (5)
12 Call the validity of a practice into question (7)
13 Insure (anag.) (6)
15 Hawk (6)
17 Kettledrums (7)
18 Lover of Juliet (5)
20 Broom (5)
21 Catches fire (7)
22 Making certain of (8)
23 Doubtful (4)

## Down

1 Chart of chemical elements (8,5)
2 Bolivian city (2,3)
4 Pertaining to vinegar (6)
5 Vanishing (12)
6 Green gemstone (7)
7 Naughtily (13)
8 Heavy long-handled tool (12)
14 Uncovers (7)
16 Relating to monkeys (6)
19 Dominant theme (5)

# PUZZLE 185

## Across

1   Watching over one's flock (11)
9   Fall behind (3)
10  Strike repeatedly (5)
11  Shine brightly (5)
12  Combines (5)
13  Restore to good condition (8)
16  Sparkling (8)
18  Thigh bone (5)
20  Grumble (5)
21  Artificial waterway (5)
22  Damp (3)
23  Introductory (11)

## Down

2   Opposite of lows (5)
3   Long tubes (5)
4   Resembling a horse (6)
5   Feeling of indignation (7)
6   Digit (7)
7   Ending that leaves one in suspense (11)
8   Mark an event (11)
14  Bridge above another road (7)
15  Template (7)
17  US rapper (6)
18  Criminal (5)
19  Garden tool for cutting grass (5)

# PUZZLE 186

## Across

1 Broadcast (8)
5 An individual thing (4)
9 Impersonator (5)
10 The papal court (5)
11 Describe an event as it happens (10)
14 Cure-all (6)
15 Resides (6)
17 Too shy to speak (6-4)
20 Type of bread roll (5)
21 Acknowledged; assumed (5)
22 Singing voice (4)
23 Marriages (8)

## Down

1 Large and scholarly book (4)
2 Calcium compound; fruit (4)
3 Triumphantly (12)
4 Cooks over boiling water (6)
6 Usually (8)
7 Journey across (8)
8 Generally accepted (12)
12 Segment of the spinal column (8)
13 00:00 on a 24-hour clock (8)
16 Walked quickly (6)
18 Cooking appliance (4)
19 Noes (anag.) (4)

# PUZZLE 187

## Across

1 Suitable; appropriate (8)
5 Roman poet (4)
9 Body of rules (5)
10 Republic in South America (7)
11 Blends; mixtures (12)
14 Unit of resistance (3)
15 Snarl (5)
16 Evergreen coniferous tree (3)
17 Failure to act with prudence (12)
20 Steadfast (7)
22 Oneness (5)
23 Home for a bird (4)
24 Worker (8)

## Down

1 Opposite of front (4)
2 Comply (with rules) (7)
3 Startling (4-8)
4 Born (3)
6 Record on tape (5)
7 Laughably small (8)
8 Knowing more than one language (12)
12 Secluded places (5)
13 Soft leather shoe (8)
16 Fastidiously (7)
18 Studies a subject at university (5)
19 Stringed instrument (4)
21 Meat from a pig (3)

# PUZZLE 188

## Across

1 Awkward (8)
5 Unit of land area (4)
9 Large group of people (5)
10 Foretell (7)
11 Small notes (5)
12 Move up and down on water (3)
13 Singing voice (5)
15 A number between an eighth and a tenth (5)
17 Bath vessel (3)
19 Our planet (5)
20 Pamphlet (7)
21 Escape from (5)
22 Prestigious TV award (4)
23 Shape of the waxing moon (8)

## Down

1 Uneasy (13)
2 Brushed the coat of (an animal) (7)
3 Dimly; not clearly (12)
4 Subatomic particle such as an electron (6)
6 Ascend (5)
7 Institution (13)
8 Notwithstanding (12)
14 Engage in merrymaking (7)
16 Gender of nouns in some languages (6)
18 Sweeping implement (5)

# PUZZLE 189

## Across

1  Mishap (8)
5  Release; give out (4)
9  Rains heavily (5)
10  Porch (7)
11  Decorated (7)
12  Distinguishing character (5)
13  Royal people (6)
14  Leg bone (6)
17  Should (5)
19  Ennoble (7)
20  Increases a deadline (7)
21  Destroyed by fire (5)
22  Church recess (4)
23  Amicable (8)

## Down

1  The first and last (5,3,5)
2  SI unit of electric charge (7)
3  Germicide (12)
4  State of the USA (6)
6  Period of time consisting of 28 - 31 days (5)
7  Party lanterns (anag.) (13)
8  Overwhelmingly compelling (12)
15  Expressed audibly (7)
16  Hot spring (6)
18  Entrance barriers (5)

# PUZZLE 190

## Across

1 Woes; problems (4)
3 Grisly (8)
9 Disturbance; commotion (7)
10 Light downy particles (5)
11 Faint bird cry (5)
12 Brave fighter (7)
13 Oral (6)
15 Dress (6)
17 Admire deeply (7)
18 Pertaining to sound (5)
20 Edge of a knife (5)
21 Edible jelly (7)
22 Ultimate (8)
23 Computer memory unit (4)

## Down

1 Irretrievable (13)
2 Money (5)
4 Fame (6)
5 Easily (12)
6 Type of optician (7)
7 Fizz (13)
8 Action of moving a thing from its position (12)
14 Fashion anew (7)
16 Mark of disgrace (6)
19 Crazy (5)

# PUZZLE 191

## Across

1 Surrounded on all sides (8)
5 Tells an untruth (4)
8 Assumed name (5)
9 Respectable; refined (7)
10 Countries (7)
12 Very odd (7)
14 Signs (7)
16 Continue (5,2)
18 Assign (7)
19 Freshwater fish (5)
20 Sell (anag.) (4)
21 Guessing game (8)

## Down

1 School test (4)
2 Printed cotton fabric (6)
3 Inconspicuousness (9)
4 Machine that produces motion (6)
6 Refrigerator compartment (6)
7 Spatters with liquid (8)
11 Period of three months (9)
12 Obstruction (8)
13 Push forward (6)
14 Informer (6)
15 Took the lid off a jar (6)
17 Therefore (4)

# PUZZLE 192

## Across

1 Wisdom (8)
5 Crustacean (4)
9 Elegance; class (5)
10 Antlers (anag.) (7)
11 Marksman (12)
13 Space devoid of matter (6)
14 Wagered (6)
17 Awkward; untimely (12)
20 Demands forcefully (7)
21 Concur (5)
22 Men (4)
23 Climbed (8)

## Down

1 Indication (4)
2 Vivid (7)
3 Happiness (12)
4 Beat as if with a flail (6)
6 Respond to (5)
7 Straddle (8)
8 Teach to accept a belief uncritically (12)
12 Evading (8)
15 Alike (7)
16 As compared to (6)
18 Easy (of a job) (5)
19 Long-running dispute (4)

# PUZZLE 193

## Across

1 Unexpected and inappropriate (8)
5 Rain (anag.) (4)
9 Mournful song (5)
10 Crazy about someone (7)
11 Direct competitor (5)
12 Depression (3)
13 Wash one's body in water (5)
15 Go over again (5)
17 Pub (3)
19 Loathe (5)
20 Curved structure forming a passage (7)
21 Bird claw (5)
22 Sight organs (4)
23 Grow in number (8)

## Down

1 Value too lowly (13)
2 Prospered (7)
3 Small garden carts (12)
4 Outcome (6)
6 Judged (5)
7 Absence (13)
8 Sound of quick light steps (6-6)
14 Character in Hamlet (7)
16 Deep gorge (6)
18 Shallow recess (5)

# PUZZLE 194

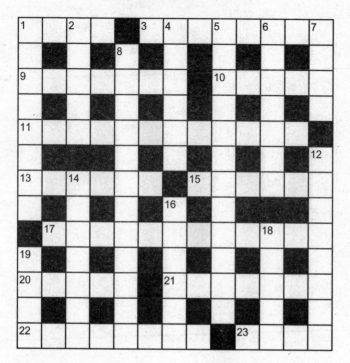

## Across

1 Young cow (4)
3 Adjoining (8)
9 Increase in size (7)
10 Models for a photograph (5)
11 Capable of being traded (12)
13 Dedicate (6)
15 Shelter for a dog (6)
17 Unlawful (12)
20 Huge (5)
21 Garden bird (7)
22 Strip of land by a highway (8)
23 In a lazy way (4)

## Down

1 Lenience (8)
2 Sweet-scented shrub (5)
4 Remove silt from a river (6)
5 Pertaining to letters (12)
6 Fifth Greek letter (7)
7 Mission (4)
8 Inventiveness (12)
12 Passageway (8)
14 Tropical disease (7)
16 Locked lips with (6)
18 Exposed (5)
19 Speak indistinctly (4)

# PUZZLE 195

## Across

1 Strongholds (8)
5 Sudden desire (4)
9 Derives the benefits (5)
10 Female deity (7)
11 Candid (7)
12 Senseless (5)
13 Make empty (6)
14 Gesture (6)
17 Certain to fail (2-3)
19 Flightless seabird (7)
20 Floating mass of frozen water (7)
21 In a slow tempo (of music) (5)
22 Invalid (4)
23 Uses again (8)

## Down

1 Avoidance by going around (13)
2 Movement of vehicles en masse (7)
3 Unhappy (12)
4 Devices that illuminate (6)
6 Doglike mammal (5)
7 Of mixed character (13)
8 And also (12)
15 Impartial (7)
16 Climax or culmination (6)
18 Round steering device (5)

# PUZZLE 196

## Across

1 Praiseworthy (11)
9 Of sedate character (5)
10 State of armed conflict (3)
11 Indifferent to emotions (5)
12 Cleans (5)
13 Feigns (8)
16 Free from sensual desire (8)
18 Vaulted (5)
21 Fishing net (5)
22 Metal container (3)
23 Polishes (5)
24 Fragility (11)

## Down

2 Argues against (7)
3 Mishits (7)
4 Approached (6)
5 Assisted (5)
6 Areas of mown grass (5)
7 Make in bulk (4-7)
8 Radically (11)
14 Hat with a wide brim (7)
15 Prisoners (7)
17 Legitimate (6)
19 Underground worker (5)
20 First appearance (5)

# PUZZLE 197

## Across

1 Knowledge (abbrev.) (4)
3 Strong type of coffee (8)
9 Ancient war galley (7)
10 Money container (5)
11 Grade (anag.) (5)
12 Bodies of writing (7)
13 Very cold (of weather) (6)
15 Majestic; wonderful (6)
17 Reluctance to change (7)
18 Gush out in a jet (5)
20 The Norwegian language (5)
21 Eighth sign of the zodiac (7)
22 Solitary (8)
23 Public houses (4)

## Down

1 Between countries (13)
2 Throw forcefully (5)
4 Stink (6)
5 Consequence of an event (12)
6 Miserly person (7)
7 Excessively striving (13)
8 Female school boss (12)
14 V-shaped line or stripe (7)
16 Payment for the release of someone (6)
19 Unfasten a garment (5)

# PUZZLE 198

## Across

1 Tunnel under a road for pedestrians (6)
4 Wireless communication devices (6)
9 Item used by asthma sufferers (7)
10 Instructs (7)
11 Impudent (5)
12 Feeling of boredom (5)
14 Manages (5)
17 Lucid (5)
19 Rise to one's feet (3,2)
21 Group of servants (7)
23 Supervise (7)
24 Deliberative assembly (6)
25 Made fun of playfully (6)

## Down

1 Comfort (6)
2 Bate (anag.) (4)
3 Old-fashioned (7)
5 Yearns for (5)
6 Imaginary (8)
7 Wanders off; drifts (6)
8 Vanished (11)
13 Opposite of southern (8)
15 Coal bucket (7)
16 Ice buildings (6)
18 Had a strong and unpleasant smell (6)
20 Suggest (5)
22 Snares; bags (4)

# PUZZLE 199

## Across

1 Supplier (8)
5 Soft cheese (4)
8 Prevent (5)
9 Strong reaction of anger (7)
10 Secret place (7)
12 Timidness (7)
14 Give up (7)
16 Clergymen (7)
18 Nestle up against (7)
19 Exit (5)
20 Rode (anag.) (4)
21 Deadlock (5-3)

## Down

1 Scheme (4)
2 Unidirectional (3-3)
3 Concerns; appeals (9)
4 Periods of history (6)
6 Explanation (6)
7 Expulsion (8)
11 Athletic contest with ten events (9)
12 Assumed (8)
13 Discontinuance; neglect (6)
14 Agreement (6)
15 Extremely energetic person (6)
17 Ridge of rock (4)

# PUZZLE 200

## Across

1 Composer or singer (8)
5 Comply with an order (4)
9 Negatively charged ion (5)
10 Official instruction (7)
11 Unofficially (3,3,6)
14 Relieve or free from (3)
15 Unspecified object (5)
16 Bristle-like appendage (3)
17 Showing complete commitment (12)
20 State of disorder (7)
22 Run away with a lover (5)
23 Lock lips (4)
24 Against the current (8)

## Down

1 e.g. beef or pork (4)
2 Breathed in sharply (7)
3 Body of voters in a specified region (12)
4 Goal (3)
6 Shout of appreciation (5)
7 Giving way under pressure (8)
8 Clothing such as a vest (12)
12 Expulsion from a country (5)
13 Disadvantage (8)
16 Organic solvent (7)
18 Ellipses (5)
19 Sewing join (4)
21 Pay (anag.) (3)

# PUZZLE 201

## Across

1 Deceives (5)
4 Former Greek monetary unit (7)
7 Fluffy and soft (5)
8 Pertaining to cooking (8)
9 Wheels that move rudders on ships (5)
11 Set in from the margin (8)
15 Interpret the meaning of (8)
17 Fire a weapon (5)
19 Adverse reaction (8)
20 Courageous (5)
21 Sticks to (7)
22 Hurled (5)

## Down

1 Small parts of something (9)
2 Block (7)
3 Giving off light (7)
4 Magnitude (6)
5 Plant of the genus Trifolium (6)
6 Musical note (5)
10 Looking for (9)
12 Start (4,3)
13 Japanese massage technique (7)
14 French museum (6)
16 Demands; insists on (6)
18 Biblical king (5)

# PUZZLE 202

## Across

1  Farewell appearance (8)
5  Box (4)
9  Army rank (5)
10  Coming first (7)
11  Agreed upon by several parties (12)
14  Type of vase (3)
15  Brazilian dance (5)
16  Aggressive dog (3)
17  Male relation by marriage (7-2-3)
20  Renaissance (7)
22  Water container (5)
23  Pulls a vehicle (4)
24  Elastic (8)

## Down

1  Japanese sport (4)
2  Postpone (7)
3  Atmospheric layer (12)
4  Opposite of old (3)
6  Earlier (5)
7  Frequent customers (8)
8  Impossible to achieve (12)
12  Arboreal primate (5)
13  Effusion (8)
16  Traditional example (7)
18  U-shaped curve in a river (5)
19  Feeling of resentment or jealousy (4)
21  Small shelter (3)

# PUZZLE 203

## Across

**1** Relating to the home (8)
**5** Days before major events (4)
**9** Cleanse by rubbing (5)
**10** Rich fish soup (7)
**11** Supple (5)
**12** Mature (3)
**13** Suppress (5)
**15** Became less severe (5)
**17** Climbing shrub (3)
**19** Apply pressure (5)
**20** Provoked or teased (7)
**21** Rope with a running noose (5)
**22** Part of a pedestal (4)
**23** Low-cost travel package (2-6)

## Down

**1** Disenchanted (13)
**2** Pertaining to matrimony (7)
**3** Next (12)
**4** Money received (6)
**6** Russian spirit (5)
**7** Clandestine (13)
**8** Deceiver (6-6)
**14** Object used in the kitchen (7)
**16** Room where an artist works (6)
**18** Give up (5)

# PUZZLE 204

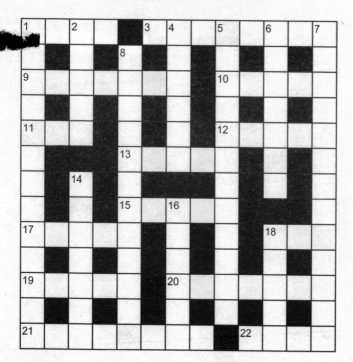

## Across

1 Person who receives guests (4)
3 Creative (8)
9 Omen (7)
10 Cotton twill fabric (5)
11 Steal (3)
12 Network points where lines intersect (5)
13 Narrow roads (5)
15 Indian garments (5)
17 Edits (anag.) (5)
18 Stomach (3)
19 Laborious task (5)
20 More amusing (7)
21 Guiding principle (8)
22 Vale (4)

## Down

1 Excessively negative about (13)
2 Small woody plant (5)
4 Go back (6)
5 Not staying the same throughout (12)
6 Twirl (7)
7 Dealing with different societies (5-8)
8 Altruism (12)
14 Human-like robot (7)
16 Type of palm tree (6)
18 Objection (5)

# PUZZLE 205

## Across

1 Having pains (4)
3 Forceful (8)
9 State of being twisted (7)
10 Wanderer (5)
11 Uncurled (12)
13 Safe place (6)
15 Water diviner (6)
17 Female fellow national (12)
20 Section of a long poem (5)
21 Aquatic reptiles (7)
22 Value greatly (8)
23 First son of Adam and Eve (4)

## Down

1 Creative skill (8)
2 Employer (5)
4 e.g. March and May (6)
5 From this time on (12)
6 Meddles with (7)
7 Give up one's rights (4)
8 Insincere (12)
12 Male relation (8)
14 Move in an exaggerated manner (7)
16 Cheese shredder (6)
18 Mediterranean island country (5)
19 Short tail (4)

# PUZZLE 206

## Across

1 Consideration of the future (11)
9 Fantastical creature (3)
10 Hit with the fist (5)
11 Representative; messenger (5)
12 Sudden attack (5)
13 Broad and strongly built (8)
16 Open to suggestion (8)
18 Nairobi is the capital here (5)
20 State of the USA (5)
21 Sound of any kind (5)
22 Unwell (3)
23 Type of artist (11)

## Down

2 Make available for sale (5)
3 Not containing anything (5)
4 Manage; hold (6)
5 Lift up (7)
6 The gathering of crops (7)
7 Apotheosis (11)
8 Obscurely (11)
14 Actually; in reality (2,5)
15 Knife attached to a rifle (7)
17 Thin layer of sedimentary rock (6)
18 Went down on one knee (5)
19 Metal spikes (5)

# PUZZLE 207

## Across

1 Tricksters (6)
4 Lessens (6)
9 Reduced in scope or length (3-4)
10 Mark the boundaries of (7)
11 Meads (anag.) (5)
12 Eats a main meal (5)
14 Religious acts (5)
15 Hold responsible (5)
17 Bed cover (5)
18 Hair-cleansing product (7)
20 Most unattractive (7)
21 Pockmarked (6)
22 Dog-like mammals (6)

## Down

1 Front of a building (6)
2 Self-operating machines (8)
3 Hinged barriers (5)
5 Slow romantic songs (7)
6 Group of players; side (4)
7 Sets of rooms (6)
8 Diligent (11)
13 Final teenage year (8)
14 Breathe (7)
15 Chess piece (6)
16 Relative social standing (6)
17 Spread out and apart (of limbs or fingers) (5)
19 Touch (4)

# PUZZLE 208

## Across

1 Bend or coil (4)
3 Relating to sound (8)
9 Contemplations (7)
10 Crime of burning something (5)
11 Stratum (5)
12 Reticular (7)
13 Digging for minerals (6)
15 Ingenious device (6)
17 Biting sharply (7)
18 Capital of Japan (5)
20 Continuing in existence (5)
21 Remove a difficulty (7)
22 Christmas season (8)
23 Resist; refuse to obey (4)

## Down

1 Harmonious; compatible (13)
2 Tarnished (of a metal object) (5)
4 Housing (6)
5 Ugly (12)
6 Throwing a coin in the air (7)
7 Sweets (13)
8 Inflexible (12)
14 Pertaining to marriage (7)
16 Ancient or well established (3-3)
19 Rogue; scoundrel (5)

# PUZZLE 209

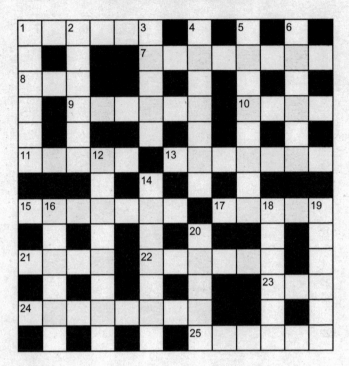

## Across

1 Hits hard (6)
7 Locate exactly (8)
8 Not on (3)
9 Turn to ice (6)
10 Greek god of love (4)
11 Tiny part of an image (5)
13 Made to individual order (7)
15 Violent troublemakers (7)
17 Natural talent (5)
21 Narrow point of land projecting into water (4)
22 What a spider makes (6)
23 Cheek (slang) (3)
24 Eternal (8)
25 Device that detects a physical property (6)

## Down

1 Fill a balloon with air (4,2)
2 Element added to the end of a word (6)
3 Secret agents (5)
4 Went in (7)
5 Simple and unsophisticated (8)
6 Set free or release (6)
12 Qualified for by right (8)
14 Continue (7)
16 Make worse (6)
18 Walks slowly (6)
19 Guardian (6)
20 Chasm (5)

# PUZZLE 210

## Across

**1** Burning (8)
**5** Con; swindle (4)
**9** Misplaces (5)
**10** Mends (7)
**11** Kind of breakfast cereal (7)
**12** Headdress of a monarch (5)
**13** Disappear (6)
**14** Easily done (6)
**17** Relating to the kidneys (5)
**19** Remove clothes (7)
**20** Requests the presence of (7)
**21** Musical instrument (5)
**22** Precious metal (4)
**23** Reference point; norm (8)

## Down

**1** Autonomous (4-9)
**2** Refrain from (7)
**3** Very sad (12)
**4** Standard; usual (6)
**6** Capital of Egypt (5)
**7** Misinterpreted (13)
**8** Spotless (5-3-4)
**15** Japanese flower arranging (7)
**16** Beginning (6)
**18** A central point (5)

# PUZZLE 211

## Across

1 Daydreamer (8)
5 Large wading bird (4)
9 Not with anybody (5)
10 Better for the environment (7)
11 Without parallel (6,2,4)
14 Feline animal (3)
15 Short letters (5)
16 Make a choice (3)
17 Connection or association (12)
20 Secretion of an endocrine gland (7)
22 European country (5)
23 Absorbent pad (4)
24 Period when a machine is out of action (8)

## Down

1 Energy and enthusiasm (4)
2 Nearest (7)
3 Knowledge of a future event (12)
4 Droop (3)
6 Small tuned drum (5)
7 Snakes (8)
8 Act of reclamation (12)
12 Mark of repetition (5)
13 Sears (8)
16 Paper folding (7)
18 Insect grub (5)
19 Sort (4)
21 Sense of self-esteem (3)

# PUZZLE 212

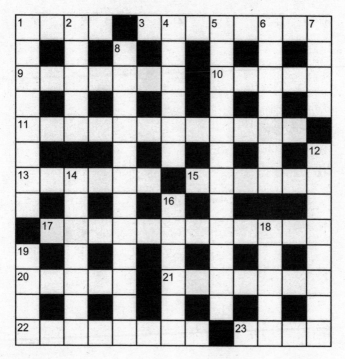

## Across

**1** Manage (4)
**3** Complying with orders (8)
**9** Not carrying weapons (7)
**10** Stop (5)
**11** Friendliness (12)
**13** Support (6)
**15** Hold gently and carefully (6)
**17** Relating to numeric calculations (12)
**20** Paved courtyard (5)
**21** Lines of equal pressure on maps (7)
**22** Ominous (8)
**23** Female chickens (4)

## Down

**1** North African semolina (8)
**2** Crustacean like a shrimp (5)
**4** Blunt thick needle (6)
**5** Act of slowing down (12)
**6** Praised highly (7)
**7** Woody plant (4)
**8** Able to use both hands well (12)
**12** Hermits (8)
**14** Protein found in hair (7)
**16** Tennis official (6)
**18** Pursue in order to catch (5)
**19** Musical work (4)

# PUZZLE 213

## Across

**1** Bogs or marshes (8)
**5** Travel on water (4)
**9** Lance (5)
**10** Automaton (5)
**11** Someone acting without constraint (4,6)
**14** Among (6)
**15** Not yet settled (of a bill) (6)
**17** Incomplete (10)
**20** Small hill (5)
**21** Embarrass (5)
**22** Seed case (4)
**23** Sewed together (8)

## Down

**1** Church service (4)
**2** Long grass (4)
**3** Shockingly (12)
**4** Large birds of prey (6)
**6** Relating to trees (8)
**7** Scope for freedom (8)
**8** Surpassing in influence (12)
**12** Jewish festival (8)
**13** Domains (8)
**16** Support; help (6)
**18** Solemn promise (4)
**19** Garden outbuilding (4)

# PUZZLE 214

## Across

1 Lane; passageway (5)
4 Most difficult (7)
7 Seawater (5)
8 Wrapper for a letter (8)
9 Top degree mark (5)
11 Lamentation (8)
15 Pertaining to education (8)
17 Prize (5)
19 Of a court of law (8)
20 Issue forth with force (5)
21 Fled from captivity (7)
22 Perfume (5)

## Down

1 South American country (9)
2 Reveals (anag.) (7)
3 Screaming (7)
4 Jumped on one leg (6)
5 True skin (6)
6 Makes musical sounds (5)
10 Belligerent (9)
12 Respects (7)
13 Encroach (7)
14 Emotional shock (6)
16 Brought about (6)
18 Totally erases (5)

# PUZZLE 215

## Across

**1** Praising (anag.) (8)
**5** Dull heavy sound (4)
**9** Water-filled ditches around castles (5)
**10** Indicator (7)
**11** Extremely harmful (12)
**14** Illumination unit (3)
**15** Poetic verse (5)
**16** Insect that can sting (3)
**17** Conjectural (12)
**20** Not level (7)
**22** Male aristocrat (5)
**23** Garden watering device (4)
**24** Became visible (8)

## Down

**1** Ends; goals (4)
**2** Body of troops (7)
**3** The proprietor of an eating establishment (12)
**4** Quick sleep (3)
**6** Cage for small pets (5)
**7** Controlled; managed (8)
**8** Insubordination (12)
**12** Herb (5)
**13** In spite of the fact (8)
**16** Talk foolishly (7)
**18** e.g. Wordsworth and Keats (5)
**19** Grain (4)
**21** One circuit of a track (3)

# PUZZLE 216

## Across

1 Part of the ear (4)
3 Capable of being used (8)
9 Spicy condiment (7)
10 Wide open (of the mouth) (5)
11 Daisy-like flower (5)
12 Horse's fodder container (7)
13 Equipping with weapons (6)
15 State a belief confidently (6)
17 Complex wholes (7)
18 Doctor (5)
20 Culinary herb (5)
21 Pertaining to the tongue (7)
22 Period during which you live (8)
23 Wet with condensation (4)

## Down

1 Lazy (13)
2 Make less sharp (5)
4 Working steadily with a tool (6)
5 Re-evaluation (12)
6 Woody plant (7)
7 Vigorously (13)
8 Action of breaking a law (12)
14 Powerful dog (7)
16 Shelter; place of refuge (6)
19 Tennis score (5)

# PUZZLE 217

## Across

1 Omission from speech of superfluous words (8)
5 One of two equal parts (4)
9 Largest moon of Saturn (5)
10 Mechanical keyboard (7)
11 Sour substances (5)
12 Residue from a fire (3)
13 Periods of 12 months (5)
15 Venomous snake (5)
17 Appropriate (3)
19 Egg-shaped (5)
20 Metal similar to platinum (7)
21 Pointed part of a fork (5)
22 Longest river (4)
23 Woodwind instrument (8)

## Down

1 Act of extending by inference (13)
2 Allowing (7)
3 State of the USA (12)
4 African antelope (6)
6 Hawaiian greeting (5)
7 Boxing class division (13)
8 Person who listens into conversations (12)
14 Compel by coercion (7)
16 Beat with the fists (6)
18 Try out (5)

# PUZZLE 218

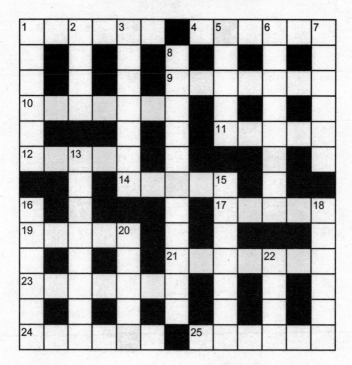

## Across

1 Strong (6)
4 Keen insight (6)
9 Praise enthusiastically (7)
10 Think deeply about (7)
11 Supplementary component (3-2)
12 Indian monetary unit (5)
14 Domesticates (5)
17 Gets less difficult (5)
19 Consumer of food (5)
21 Surplus or excess (7)
23 Light fabric (7)
24 Inferior (6)
25 Respiratory condition (6)

## Down

1 Correspond to (6)
2 Sea inlet (4)
3 Prepare for printing (7)
5 Chocolate powder (5)
6 Wanders at random (8)
7 Christening (6)
8 Large fruits with red pulp (11)
13 Is applicable to (8)
15 Chooses (7)
16 Writing implement (6)
18 Afternoon snooze in Spain (6)
20 Firearm (5)
22 Curved shape (4)

# PUZZLE 219

## Across

1 Apple seeds (4)
3 Edible snail (8)
9 Slope (7)
10 Shallow circular dish (5)
11 Tree of the birch family with toothed leaves (5)
12 Showy flowers (7)
13 Computer keyboard user (6)
15 Of the eye (6)
17 Prayers (anag.) (7)
18 Expect to happen (5)
20 Impress on paper (5)
21 Quick musical tempo (7)
22 Wood preserver (8)
23 Poker stake (4)

## Down

1 Benevolent and generous (13)
2 Walked up and down (5)
4 Soaks in liquid (6)
5 Easy to converse with (12)
6 Icy (7)
7 Hidden store of valuables (8,5)
8 Type of cloud (12)
14 Acquiescent (7)
16 Cruel ruler (6)
19 Inert gas found in air (5)

# PUZZLE 220

## Across

1 Rucksack (8)
5 Regretted (4)
8 Make good on a debt (5)
9 Fishermen (7)
10 All together (2,5)
12 Sunshade (7)
14 Capable of being dissolved (7)
16 Of the stomach (7)
18 Act of turning up (7)
19 Moisten meat (5)
20 Become weary (4)
21 Starlike symbol (8)

## Down

1 Farm building (4)
2 Metallic element (6)
3 Person who distributes wages (9)
4 Place of worship (6)
6 Anxious (6)
7 Spread out (8)
11 Pliable (9)
12 Affecting the emotions (8)
13 Loan shark (6)
14 Climbs (6)
15 Dwarfed tree (6)
17 Set of playing cards (4)

# PUZZLE 221

## Across

**1** Three-hulled sailing boat (8)
**5** Goad on (4)
**9** Military trainee (5)
**10** Endless (7)
**11** Exorbitant (12)
**14** Absolutely (3)
**15** Woodwind instruments (5)
**16** Golf peg (3)
**17** Blasphemous (12)
**20** Storehouse for grain (7)
**22** Deprive of weapons (5)
**23** Jar lids (4)
**24** Navigating (8)

## Down

**1** Bloodsucking arachnid (4)
**2** Alphabetical lists (7)
**3** Extremely large (12)
**4** Metric unit of measurement (historical) (3)
**6** Bamboo-eating animal (5)
**7** Assuages (8)
**8** Build up again from parts (12)
**12** Ironic metaphor (5)
**13** Vision (8)
**16** Tidal wave (7)
**18** Brace (5)
**19** Complacent (4)
**21** Nevertheless (3)

# PUZZLE 222

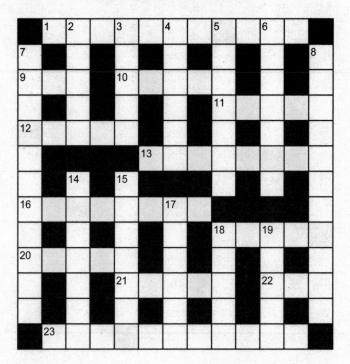

## Across

1  Collection (11)
9  Ancient (3)
10 Relating to a city (5)
11 Seals (anag.) (5)
12 Small canoe (5)
13 Amazes (8)
16 Humility (8)
18 Storage place (5)
20 What an author writes (5)
21 Choose through voting (5)
22 Touch gently (3)
23 Stargazers (11)

## Down

2  Strangely (5)
3  Pull out a hair (5)
4  Identifying tags (6)
5  Mental strain (7)
6  Affluent (7)
7  Allowance given to children (6,5)
8  Revive (11)
14 Raises dough (using yeast) (7)
15 Uncertain (7)
17 Sincere; serious (6)
18 Piece of information (5)
19 A written document (5)

# PUZZLE 223

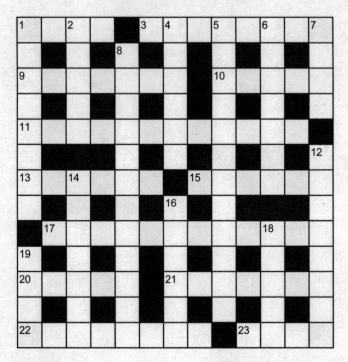

## Across

**1** Bird of peace (4)
**3** African country (8)
**9** Map line showing equal height (7)
**10** Connection; link (3-2)
**11** Sleepwalking (12)
**13** In a lively manner (6)
**15** Fine cloth (6)
**17** Bewitchingly (12)
**20** Attendant upon God (5)
**21** Simple song for a baby (7)
**22** Savage fierceness (8)
**23** Transmit (4)

## Down

**1** Resolute (8)
**2** Snake toxin (5)
**4** Pulsates (6)
**5** Understandably (12)
**6** Gives satisfaction (7)
**7** Tuna (anag.) (4)
**8** Not intoxicating (of a drink) (12)
**12** Naive or sentimental (4-4)
**14** Impure acetic acid (7)
**16** Bangle worn at the top of the foot (6)
**18** A clearing in a wood (5)
**19** Stick with a hook (4)

# PUZZLE 224

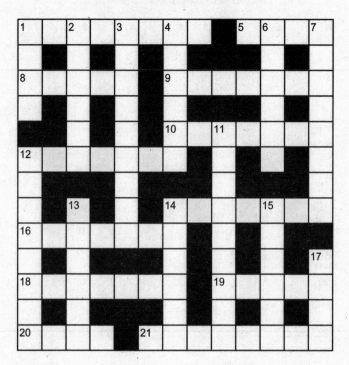

## Across

1 Reaching a destination (8)
5 Rotate (4)
8 Attach (5)
9 Coarsen (7)
10 Perfect example of a quality (7)
12 Distinct sort or kind (7)
14 Disturb (7)
16 Chilled desserts (7)
18 Against (7)
19 Large tree (5)
20 Forefather (4)
21 Gather together in one place (8)

## Down

1 Gelatinous substance (4)
2 Decline to do something (6)
3 Annoying (9)
4 Hospital carers (6)
6 Detach; unfasten (6)
7 Gibberish (8)
11 Easily angered (9)
12 Hair-cleansing preparations (8)
13 Sweater (6)
14 Stage whispers (6)
15 Word that qualifies another (6)
17 Protective foot covering (4)

# PUZZLE 225

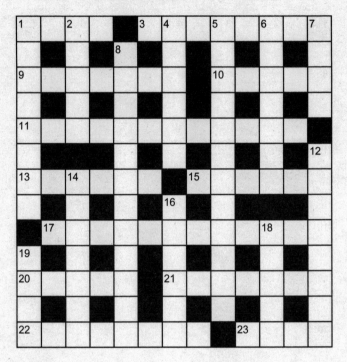

## Across

**1** Tip the hat (4)
**3** Low walls at balcony edges (8)
**9** Largest anthropoid ape (7)
**10** Hurl (5)
**11** Antique; not modern (3-9)
**13** Decorate with a raised design (6)
**15** Provider of cheap accommodation (6)
**17** Very determined (6-6)
**20** Surprising development in a story (5)
**21** Circus apparatus (7)
**22** Confuse (8)
**23** Augury (4)

## Down

**1** Well-meaning but interfering person (2-6)
**2** Fader (anag.) (5)
**4** Absence of passion or interest (6)
**5** Relating to horoscopes (12)
**6** Sincere (7)
**7** Tools for cutting wood (4)
**8** Thinking sensibly (5-7)
**12** Short heavy club (8)
**14** Sheriff's officer (7)
**16** Pertaining to the mind (6)
**18** You usually do this whilst asleep (5)
**19** Pierce with a knife (4)

# PUZZLE 226

## Across

1 Replaced with another (11)
9 Deranged (3)
10 Leers (5)
11 Domesticated (5)
12 Snake (5)
13 Keep at a distance (8)
16 Unusual (8)
18 In the company of (5)
20 Aromatic vegetable (5)
21 Solid blow (5)
22 Bitumen (3)
23 Opposing political progress (11)

## Down

2 Reversed (5)
3 Search rigorously for (5)
4 Fillings (6)
5 Pompous person (7)
6 e.g. iron or oxygen (7)
7 Accredited diplomats (11)
8 Parakeets (11)
14 Throw into disorder (7)
15 Frenzied (7)
17 Long-legged rodent (6)
18 Trembling poplar (5)
19 Semiaquatic mammal (5)

# PUZZLE 227

## Across

1 Vein of metal ore (4)
3 Take responsibility for (8)
9 Bubbled (7)
10 Standpoint (5)
11 Variety of wildlife in an area (12)
13 Mature people (6)
15 Charm (6)
17 Drawback (12)
20 Media (anag.) (5)
21 Becomes wider or more open (7)
22 Anxious uncertainty (8)
23 Walked or stepped (4)

## Down

1 Sea rescue vessel (8)
2 Italian cathedral (5)
4 Fences made of bushes (6)
5 Modestly (12)
6 Not analogue (7)
7 Unpleasant smell (4)
8 24th December (9,3)
12 Accented (8)
14 Joins together (7)
16 Avoids (6)
18 Later (5)
19 Hats; protective lids (4)

# PUZZLE 228

## Across

**4** Type of living organism (6)
**7** Gigantic statue (8)
**8** Add together (3)
**9** Spots (4)
**10** Modifies (6)
**11** Laid open to view (7)
**12** Travels on a bicycle (5)
**15** Short simple song (5)
**17** Brutality (7)
**20** Machines for shaping wood (6)
**21** Quieten down (4)
**22** Diving bird (3)
**23** Porch (8)
**24** Go out of a place (6)

## Down

**1** Triangular bone at the base of the spinal column (6)
**2** First in importance (8)
**3** Feeling guilty (7)
**4** Cinders (5)
**5** Failed to hit the target (6)
**6** Yellow citrus fruits (6)
**13** Pursuit of high principles (8)
**14** Process of wearing away (7)
**15** Time of life when one is old (6)
**16** Speaker (6)
**18** Bank employee (6)
**19** Garden buildings (5)

# PUZZLE 229

## Across

1 River sediment (4)
3 Large celebration (8)
9 Cosmetic liquids (7)
10 Venomous snake (5)
11 Moved slowly (5)
12 Looking for (7)
13 Papal representative (6)
15 Hang around (6)
17 Cattle herders (7)
18 Ignite (5)
20 Baking appliances (5)
21 Division of the UK (7)
22 Splashing with water (8)
23 Solely (4)

## Down

1 Embarrassed (4-9)
2 Type of coffee drink (5)
4 Weigh up (6)
5 Study of microorganisms (12)
6 Stealing (7)
7 In an inflated manner (13)
8 Luckily (12)
14 This starts on 1st January (3,4)
16 Toward the rear of a ship (6)
19 Small particle (5)

# PUZZLE 230

## Across

1 Most lucid (8)
5 Stylish (4)
9 Rustic (5)
10 More circular (7)
11 Necessity (7)
12 Perceives audibly (5)
13 Violin (6)
14 Agreement or concord (6)
17 Upper limits (5)
19 Horizontal angle of a compass bearing (7)
20 Settled oneself comfortably (7)
21 Self-evident truth (5)
22 Simplicity (4)
23 Item of additional book matter (8)

## Down

1 Line that bounds a circle (13)
2 Livid (7)
3 Incessantly (12)
4 Flower arrangements (6)
6 Many-headed snake (5)
7 Plant with bright flowers (13)
8 Establish as genuine (12)
15 Devoted time to learning (7)
16 Frank (6)
18 Fertile spot in a desert (5)

# PUZZLE 231

## Across

1 Access illegally (4)
3 Semi-rural dwellings (8)
9 Ricochet (7)
10 Artifice (5)
11 Pay tribute to another (12)
13 Arboreal marsupial (6)
15 Not written in any key (of music) (6)
17 Main premises of a company (12)
20 Bring into a line (5)
21 Ascertain dimensions (7)
22 Deceptive (8)
23 Allows (4)

## Down

1 Paper printout of data (4,4)
2 Private room on a ship (5)
4 Eccentricity (6)
5 Dictatorial (12)
6 Sparkle (7)
7 Japanese beverage (4)
8 Environment (12)
12 Groups of similar things (8)
14 Exceptionally good (7)
16 Season (6)
18 Draw or bring out (5)
19 Hired form of transport (4)

# PUZZLE 232

## Across

1 Shameful (11)
9 Fishing stick (3)
10 Up and about (5)
11 Smell (5)
12 Blended together (5)
13 People of olden times (8)
16 Recently (8)
18 Conveyed by gestures (5)
20 Horse's cry (5)
21 Topic (anag.) (5)
22 Made-up statement (3)
23 Of noble birth (4-7)

## Down

2 Alphabetical list (5)
3 Impressive in appearance (5)
4 Reach (6)
5 Unpredictable (7)
6 Not attached (7)
7 Gymnastic devices (11)
8 Having celebrities in attendance (4-7)
14 Uncomplaining (7)
15 Type of precision surgery (7)
17 Legume (6)
18 Extremely small (prefix) (5)
19 Skirmish (5)

# PUZZLE 233

## Across

1 Take part in (11)
9 Intimate companion (5)
10 Relations (3)
11 Chop meat into very small pieces (5)
12 Door hanger (5)
13 Best (8)
16 Belonging to the past (8)
18 Business proposal (5)
21 Person who goes underwater (5)
22 Very cold (3)
23 Severe (5)
24 Testimony (11)

## Down

2 Changed or modified (7)
3 Skills (7)
4 Conceals with a cloth (6)
5 Object on which a bird roosts (5)
6 Spoken for (5)
7 Sector of a population (11)
8 Gives extra weight to (11)
14 Learner (7)
15 Stipulation (7)
17 Offend; affront (6)
19 Secret rendezvous (5)
20 Lift with effort (5)

# PUZZLE 234

## Across

1 Church services (6)
7 Type of restaurant (8)
8 Athletic facility (3)
9 Not singular (6)
10 Thin strip of wood (4)
11 Judges; considers to be (5)
13 Stonework (7)
15 Freezing (3-4)
17 Long rods (5)
21 Put on an item of clothing (4)
22 Morals (6)
23 Cutting tool (3)
24 Superficial (4-4)
25 Supplies sparingly (6)

## Down

1 Accosted; robbed (6)
2 Maples (anag.) (6)
3 Boxes lightly (5)
4 Flowering shrubs (7)
5 Prosperous; wealthy (4-2-2)
6 Giggle (6)
12 Type of pasta (8)
14 Swindles (7)
16 Like an old floorboard (6)
18 Period of instruction (6)
19 Snarls (6)
20 Retail stores (5)

# PUZZLE 235

## Across

4 Threw with force (6)
7 Unfairness (8)
8 Drivel; nonsense (3)
9 Closing section of a piece of music (4)
10 Perceived (6)
11 Expressive (of music) (7)
12 Counterfeit (5)
15 The body below the ribs and above the hips (5)
17 Thoroughly (2,5)
20 Easy to understand (6)
21 Breezy (4)
22 Snow runner (3)
23 Standards (8)
24 Parody (6)

## Down

1 Condescending; haughty (6)
2 Sign of the zodiac (8)
3 Blood relation (7)
4 Church songs (5)
5 Small pet canine (6)
6 Repositories (6)
13 Functioned (8)
14 Constantly present (7)
15 Arm joints (6)
16 Take a firm stand (6)
18 Murky (6)
19 Empty area; gap (5)

# PUZZLE 236

## Across

1 Change direction suddenly (6)
4 Scared (6)
9 Fragrant compound (7)
10 Festivals (7)
11 Food relish (5)
12 Sign of the zodiac (5)
14 Vegetables related to onions (5)
17 Clean feathers (of birds) (5)
19 Cloak (5)
21 Elusive (7)
23 Fabled monster (7)
24 Division of a group (6)
25 Climb (6)

## Down

1 Wicked (6)
2 Otherwise (4)
3 Not physically existing (7)
5 Confronts; deals with (5)
6 Proclaim (8)
7 Increase; extend (6)
8 Insubordinate (11)
13 Wave or flourish in display (8)
15 Spreads out (7)
16 Raised platforms (6)
18 Required (6)
20 Eating places (5)
22 Land surrounded by water (4)

# PUZZLE 237

## Across

1 Ready to eat (of fruit) (4)
3 Cartoon character who can fly (8)
9 Pertaining to the skull (7)
10 Fastened in position (5)
11 Quarrelsome and uncooperative (12)
13 Urge (6)
15 Happen again (6)
17 Tamed (12)
20 Produce a literary work (5)
21 Medieval cell (7)
22 One with another (8)
23 Pollinating insects (4)

## Down

1 Rebound (8)
2 Clear and apparent (5)
4 Different from (6)
5 Bubbling (12)
6 Concoction (7)
7 Protuberance on a plant (4)
8 Conflict of opinion (12)
12 School pupils (8)
14 Illegal action in ice hockey (7)
16 Heavy food (6)
18 At that place; not here (5)
19 Crush with a sharp blow (4)

240

# PUZZLE 238

## Across

**1** State of preoccupation (11)
**9** Acquire; obtain (3)
**10** Earnings (5)
**11** Motionless (5)
**12** Flowers (5)
**13** Form of make-up (8)
**16** Car light (8)
**18** Darken (5)
**20** Fire (5)
**21** Cooks in fat (5)
**22** Writing instrument (3)
**23** Insensitivity (11)

## Down

**2** Grips with the teeth (5)
**3** Municipalities (5)
**4** Omen (6)
**5** Adornments of hanging threads (7)
**6** Choices (7)
**7** Fearful of open spaces (11)
**8** Expansion (11)
**14** Capital of Indonesia (7)
**15** Exuberantly joyful (7)
**17** One's environment (6)
**18** Buffalo (5)
**19** Deceives or misleads (5)

# PUZZLE 239

## Across

**1** Unseemly (8)
**5** South Asian garment (4)
**9** Scowl (5)
**10** Harsh; corrosive (7)
**11** Loop with a running knot (5)
**12** Japanese monetary unit (3)
**13** Pen made from a bird's feather (5)
**15** Come in (5)
**17** Polite address for a man (3)
**19** Simple aquatic plants (5)
**20** European river (7)
**21** Stadium (5)
**22** Opposite of won (4)
**23** Mad rush (8)

## Down

**1** Extremely small (13)
**2** Decline gradually (4-3)
**3** As a result (12)
**4** Central parts of cells (6)
**6** Suitably (5)
**7** Thoughtless (13)
**8** Electronic security device (7,5)
**14** Cleanliness (7)
**16** Particularly strong ability (6)
**18** Ascends (5)

# PUZZLE 240

## Across

1 Short musical compositions (8)
5 Change (4)
9 Religious doctrine (5)
10 Snatched (7)
11 Form of deception (12)
13 Fortified medieval building (6)
14 Excuses of any kind (6)
17 Separately (12)
20 The beginning of the universe (3,4)
21 Deduce or conclude (5)
22 Consumes food (4)
23 Understate (8)

## Down

1 Administrative district (4)
2 Children's carers (7)
3 Ancient and old-fashioned (12)
4 Infuriates (6)
6 One of the United Arab Emirates (5)
7 Orderliness (8)
8 Annulment (12)
12 Scrawl (8)
15 Menacing (7)
16 In a slow tempo (6)
18 A finger or toe (5)
19 Make a request to God (4)

# PUZZLE 241

## Across

**1** Dishes of leafy greens (6)
**4** Irrational fear (6)
**9** Twist out of shape (7)
**10** Caused by motion (7)
**11** These keep your feet warm (5)
**12** Large spoon with a long handle (5)
**14** Bad-tempered (5)
**17** Hints (anag.) (5)
**19** Calls out loudly (5)
**21** Made of clay hardened by heat (7)
**23** e.g. Mo Farah (7)
**24** Finish (6)
**25** Attribute to (6)

## Down

**1** Israeli monetary unit (6)
**2** Cut of meat (4)
**3** Simple songs (7)
**5** Suspends (5)
**6** Green vegetable (8)
**7** Painter (6)
**8** Happenings (11)
**13** Separate; disconnected (8)
**15** Chemical element with symbol Y (7)
**16** Wrinkle (6)
**18** Safe (6)
**20** Hank of wool (5)
**22** List of food options (4)

# PUZZLE 242

## Across

1 Part of a belt (6)
4 Intense feeling of fear (6)
9 Outburst of anger (7)
10 Humorous; done in fun (7)
11 Shoe ties (5)
12 Long pointed teeth (5)
14 Young sheep (5)
15 Very large (5)
17 Wooden pin used to join surfaces together (5)
18 Agitate; bother (7)
20 Brazilian dance (7)
21 Remove from office (6)
22 Fishes (6)

## Down

1 Liquid container (6)
2 Scornful negativity (8)
3 Songbirds (5)
5 Meals (7)
6 Game played by Tiger Woods (4)
7 Pieces of furniture (6)
8 Watertight (11)
13 Increase rapidly (8)
14 Migratory grasshoppers (7)
15 Formed an opinion about (6)
16 Small folds in clothing (6)
17 Evil spirit (5)
19 Substance used for washing (4)

# PUZZLE 243

## Across

1 Communicate purely using gestures (4)
3 Large jugs (8)
9 Midday meals (7)
10 Furnish or supply (5)
11 Seat of authority (5)
12 Written record (7)
13 Hold a position or job (6)
15 Descend down a rock face (6)
17 One who performs duties for another (7)
18 Quantitative relation between two amounts (5)
20 Declaration (5)
21 Hassles; prickles (7)
22 Flight of steps (8)
23 Tax (4)

## Down

1 Spite (13)
2 Ray (5)
4 Situated within the confines of (6)
5 Fast food item (12)
6 Learned (7)
7 In a manner that exceeds what is necessary (13)
8 Carport choir (anag.) (12)
14 Birthplace of Napoleon (7)
16 Basic metrical unit in a poem (6)
19 Diacritical mark (5)

# PUZZLE 244

## Across

1 Stifle (anag.) (6)
7 Witty reply (8)
8 Precious stone (3)
9 A cereal (6)
10 Froth of soap and water (4)
11 Discard; throw away (5)
13 Arachnids (7)
15 Hide (7)
17 Smash into another vehicle (5)
21 Platform leading out to sea (4)
22 Treeless Arctic region (6)
23 Seed vessel (3)
24 Compassionate (8)
25 Make less tight (6)

## Down

1 Blocks of metal (6)
2 Boil gently (6)
3 Adornment (5)
4 Statement of commemoration (7)
5 Campaigner (8)
6 Transmitter (6)
12 Precision (8)
14 Get rid of (4,3)
16 Small oval fruits (6)
18 Changes; modifies (6)
19 Toughen (6)
20 Ring (5)

# PUZZLE 245

## Across

1 Apprehend someone (6)
4 State publicly (6)
9 Relaxes (7)
10 Reserved (7)
11 Carer (anag.) (5)
12 Soar; rush (5)
14 Devices that emit light (5)
17 Tiny arachnids (5)
19 Rise to one's feet (5)
21 Nominal (7)
23 Written additions (7)
24 Small houses (6)
25 Female monster (6)

## Down

1 Musical ensembles (6)
2 Told an untruth (4)
3 Clothing (7)
5 Less (5)
6 Not guilty (8)
7 Sadness (6)
8 Basic (11)
13 Took into account (8)
15 Hitting (7)
16 Country in the Middle East (6)
18 Removes all coverings from (6)
20 Move to music (5)
22 Long bounding stride (4)

# PUZZLE 246

## Across

1 Seep; exude (4)
3 Showing mettle (8)
9 Let up (7)
10 Leaves out (5)
11 Not familiar with or used to (12)
13 Ringer (anag.) (6)
15 Make tidier (6)
17 Coming between two things in time (12)
20 Game fish (5)
21 e.g. hate or joy (7)
22 Unable to appreciate music (4-4)
23 Fight off (4)

## Down

1 Partially hidden (8)
2 Striped animal (5)
4 Satisfy (6)
5 Evergreen shrub (12)
6 Three-pronged weapon (7)
7 Fine powder (4)
8 Unplugged (12)
12 Confined as a prisoner (8)
14 Summary of results (7)
16 Single-celled organism (6)
18 Similar (5)
19 Proofreader's mark (4)

# PUZZLE 247

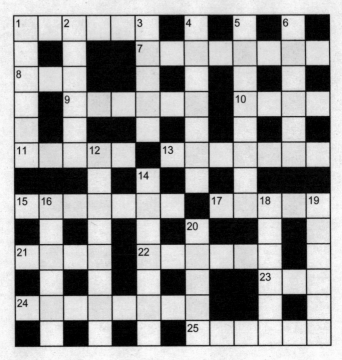

## Across

1 Alcoholic drink (6)
7 Assigns a job to (8)
8 By way of (3)
9 Toy that is shaken (6)
10 Part of the eye (4)
11 Reel for winding yarn (5)
13 Suitor (7)
15 Central cell part (7)
17 Legendary stories (5)
21 Examine quickly (4)
22 Obtain through intimidation (6)
23 Piece of wood (3)
24 Disdainful rejection (5-3)
25 Went bankrupt (6)

## Down

1 Taxes (6)
2 A size of book page (6)
3 Floating timber platforms (5)
4 Distributes around (7)
5 Politeness (8)
6 Hit hard (6)
12 Greasiness (8)
14 Music player (7)
16 Open a wine bottle (6)
18 Named (6)
19 Scorched (6)
20 Rigid (5)

# PUZZLE 248

## Across

1 Instructive (11)
9 Small group ruling a country (5)
10 Male sheep (3)
11 Foam or froth (5)
12 Show-off (5)
13 Rubbish (8)
16 Expression of praise (8)
18 Recorded on video (5)
21 Part of a church tower (5)
22 Mythical monster (3)
23 Cattle-breeding farm (5)
24 Act of publishing in several places (11)

## Down

2 Not artificial (7)
3 Opposes (7)
4 Capital of the Philippines (6)
5 Walk heavily and firmly (5)
6 Action words (5)
7 Dehydration (11)
8 A change for the better (11)
14 Random criticism (7)
15 Famous Italian astronomer (7)
17 Medical treatment place (6)
19 Finicky (5)
20 Challenged (5)

# PUZZLE 249

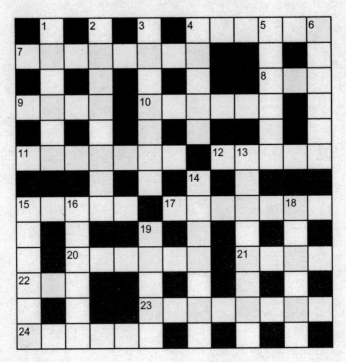

## Across

**4** Reasons (6)
**7** Excessive or affected modesty (8)
**8** Triangular sail (3)
**9** Mark or blemish (4)
**10** Wall painting or mural (6)
**11** Clowns (7)
**12** Spree (5)
**15** Spin (5)
**17** Shaving of the crown of head (7)
**20** Wildcat (6)
**21** Prying (4)
**22** University teacher (3)
**23** The decade from 1990 - 1999 (8)
**24** Sailing vessels (6)

## Down

**1** Multiply by three (6)
**2** Copycat (8)
**3** Health and fortunes of a group (7)
**4** Small island (5)
**5** Instruct to do something (6)
**6** Quash (6)
**13** Madness (8)
**14** Pushing abruptly; startling (7)
**15** Crazily (6)
**16** Humorously sarcastic (6)
**18** Took a break (6)
**19** Plots; schemes (5)

# PUZZLE 250

## Across

1 Remains of a fire (6)
4 Not sinking (6)
9 Device that measures electric current (7)
10 Give in to temptation (7)
11 Workers (5)
12 Aqualung (5)
14 Dens (5)
17 Collection of songs (5)
19 Not concealed (5)
21 Language spoken in Rome (7)
23 Enthusiastic reception (7)
24 Strong public protest (6)
25 Shun (6)

## Down

1 Deletes (6)
2 Coalition of countries (4)
3 Rebuttal (7)
5 Renowned (5)
6 At work (2-3-3)
7 Push forcefully (6)
8 Act of looking after children (11)
13 Play a role with great restraint (8)
15 Expeditions to observe animals (7)
16 Excessively ornate (of music) (6)
18 Tiny fish (6)
20 One who attempts (5)
22 Imperial unit (4)

# PUZZLE 251

## Across

1 Repeat from memory (6)
4 Part of a stamen (6)
9 Small community (7)
10 System of interconnected things (7)
11 Pulpy (5)
12 Number after seven (5)
14 Exhaust gases (5)
15 Strength (5)
17 Extent or limit (5)
18 Able to pay one's debts (7)
20 Having sharp features (7)
21 Meal (6)
22 Scolded strongly (6)

## Down

1 Renovate (6)
2 Cabbage salad (8)
3 Sycophant (5)
5 Snuggles (7)
6 Brave person; idol (4)
7 Loud disturbance (6)
8 Nostalgic (11)
13 Glove (8)
14 Pals (7)
15 Large printed notice (6)
16 Swerved (6)
17 Royal (5)
19 Type of light (4)

# PUZZLE 252

## Across

**1** Person who looks identical to another (6,5)
**9** Elector (5)
**10** Blade for rowing a boat (3)
**11** Large wading bird (5)
**12** Supports (5)
**13** Forbearing (8)
**16** Suggestive remark (8)
**18** Bent; bandy (5)
**21** Collection of ships (5)
**22** Put a question to (3)
**23** With speed (5)
**24** Constant (11)

## Down

**2** Perfectly (7)
**3** Lively festivities (7)
**4** Share out food sparingly (6)
**5** Military walk (5)
**6** Evil spirit (5)
**7** Disturb the status quo (4,3,4)
**8** Reliable (11)
**14** Excess (7)
**15** Discard from memory (7)
**17** Write a music score (6)
**19** Rouse from sleep (5)
**20** Hang with cloth (5)

# PUZZLE 253

## Across

1 Very young children (6)
4 Tiny bag (6)
9 Prophets (7)
10 Best (7)
11 Hackneyed (5)
12 Type of leather (5)
14 Locates or places (5)
17 Strange (5)
19 Stiff (5)
21 Act of entering (7)
23 Wavering vocal quality (7)
24 Portions of a play (6)
25 Silver (literary) (6)

## Down

1 Sweeping implements (6)
2 Vessel (4)
3 Foes (7)
5 Not together (5)
6 Capital of Finland (8)
7 Assigned a piece of work (6)
8 Calculation (11)
13 Qualified for entry (8)
15 Strut about (7)
16 Flocks of animals (6)
18 Tyrant (6)
20 Male duck (5)
22 Sea eagle (4)

# PUZZLE 254

## Across

1 Sudden (6)
7 Give guidance to (8)
8 Cooking appliance (3)
9 Cylindrical wooden container (6)
10 Exclamation on making a mistake (4)
11 Narrow valleys (5)
13 Kind of abbreviation (7)
15 Part of a fortification (7)
17 Aromatic resin (5)
21 Dam (4)
22 Trust or faith in (6)
23 Distant (3)
24 Unmusical (8)
25 Security (6)

## Down

1 Feeling a continuous dull pain (6)
2 Debris (6)
3 Russian sovereigns (5)
4 Fail to care for (7)
5 Study of the nature of God (8)
6 Award (6)
12 Short film (8)
14 Dilemma (7)
16 Of practical benefit (6)
18 Disturb the smoothness of (6)
19 Hurrah (6)
20 Surface shine (5)

# PUZZLE 255

## Across

1 Causing great damage (11)
9 Ate (anag.) (3)
10 Variety of strong coffee (5)
11 Requirements (5)
12 Person who flies an aircraft (5)
13 Approximate (8)
16 Having no weak points (8)
18 Welsh breed of dog (5)
20 Heroic tales (5)
21 Strange and mysterious (5)
22 Be unwell (3)
23 Absolution (11)

## Down

2 Electronic message (5)
3 Entice to do something (5)
4 Male relatives (6)
5 Pass across or through (7)
6 Experienced serviceman (7)
7 Re-evaluation (11)
8 Vulnerable to (11)
14 Aromatic herb (7)
15 Perennial plant with fleshy roots (7)
17 History play by Shakespeare (5,1)
18 Remove dirt (5)
19 Brings up (5)

# PUZZLE 256

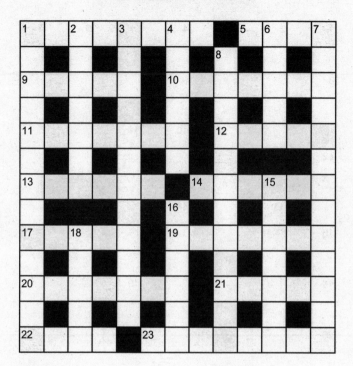

## Across

1 Terrible (8)
5 Mischievous fairies (4)
9 Sulks (5)
10 Opposite (7)
11 Not in any place (7)
12 Governed (5)
13 Force that causes rotation (6)
14 11th Greek letter (6)
17 Main artery (5)
19 No longer in existence (7)
20 Concern; implicate (7)
21 Unit of weight (5)
22 One less than ten (4)
23 Continues obstinately (8)

## Down

1 Presentation on how to use something (13)
2 Give authority to (7)
3 Discreditable (12)
4 Joined together (6)
6 Ethical (5)
7 Loyalty in the face of trouble (13)
8 Unnecessarily careful (12)
15 Yellow fruits (7)
16 Harsh (6)
18 Large crow (5)

# PUZZLE 257

## Across

1 Squashing (8)
5 Luxurious car (abbrev.) (4)
8 Skewered meat (5)
9 Colloquial speech (7)
10 War carriage (7)
12 Ardent (7)
14 Light beard (7)
16 Unconventional (7)
18 Speaking one's opinions (7)
19 Foolishly credulous (5)
20 Fixed costs (4)
21 Process of sticking to a surface (8)

## Down

1 Sweet dessert (4)
2 Positive (6)
3 Sleep through winter (9)
4 Beginner (6)
6 Sloping (of a typeface) (6)
7 Orchestral piece at the beginning of an opera (8)
11 Emergency vehicle (9)
12 Implicated in (8)
13 Workplace (6)
14 Put on a production (6)
15 Minimal bathing suit (6)
17 Adolescent (4)

# PUZZLE 258

## Across

1 Process food (6)
4 Turmoil (6)
9 An acted riddle (7)
10 Hears (7)
11 Lure an animal into a trap (5)
12 Gave away (5)
14 Liberates (5)
15 Threshing tool (5)
17 Local sporting match (5)
18 Hot wind blowing from North Africa (7)
20 Rude (7)
21 Series of prayers (6)
22 Unfriendly in manner (6)

## Down

1 Extract meaning from (6)
2 Eye condition (8)
3 Of doubtful honesty (5)
5 Science of matter and energy (7)
6 Woodwind instrument (4)
7 Washed lightly (6)
8 Harmful (11)
13 Prevents from having (8)
14 Burn unsteadily (7)
15 Encourage the development of (6)
16 Subsidiary action (6)
17 The furnishings in a room (5)
19 Raised edges (4)

# PUZZLE 259

## Across

1 Having a firm basis in reality (11)
9 Flower that is not yet open (3)
10 Levels out (5)
11 Involuntary muscle contraction (5)
12 Special reward (5)
13 Uncovered; displayed (8)
16 Thick cotton fabric (8)
18 Start of something (5)
20 Individual things (5)
21 Stamping ground (5)
22 Snake-like fish (3)
23 Type of treatment using needles (11)

## Down

2 Unwarranted (5)
3 Slumbered (5)
4 Strongly opposed (6)
5 Scuffles (7)
6 Essentially (7)
7 Obstacle; barrier (11)
8 Instantly (11)
14 Chemical element with atomic number 33 (7)
15 Armed helicopter (7)
17 Dispute the truth of (6)
18 Group of eight (5)
19 Give a solemn oath (5)

# PUZZLE 260

## Across

**4** Steep in liquid (6)
**7** Stirring one's interest (8)
**8** North American nation (abbrev.) (3)
**9** Earnest appeal (4)
**10** Factory siren (6)
**11** Hopes to achieve (7)
**12** Slips (anag.) (5)
**15** Non-flowering plants (5)
**17** Violent and lawless person (7)
**20** Positively charged ion (6)
**21** Ill-mannered (4)
**22** Ancient boat (3)
**23** Challenged a legal decision (8)
**24** Book of the Bible (6)

## Down

**1** Rejoices (6)
**2** Process of becoming wider or more open (8)
**3** Make less heavy (7)
**4** Snow house (5)
**5** Takes the place of (6)
**6** Makes a bill law (6)
**13** Casual (8)
**14** Root vegetables (7)
**15** Conclusion (6)
**16** Spacecraft (6)
**18** Mixes up or confuses (6)
**19** Indian lute (5)

# PUZZLE 261

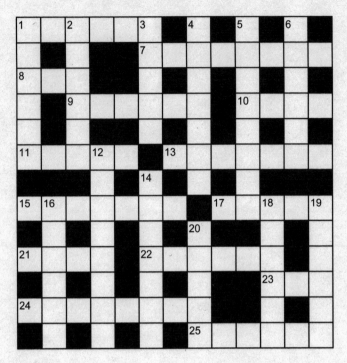

## Across

**1** Inside information (3-3)
**7** Obscures the light from a celestial body (8)
**8** Every (3)
**9** Stopped temporarily (6)
**10** Loose flowing garment (4)
**11** Stomach exercise (3-2)
**13** Groups of actors (7)
**15** Get rid of something (7)
**17** Detected a sound (5)
**21** Brass instrument (4)
**22** Bar that turns a rudder (6)
**23** Round bread roll (3)
**24** Most precipitous (8)
**25** Desiring food (6)

## Down

**1** Strong ringing sounds (6)
**2** Church platform (6)
**3** Extravagant celebratory meal (5)
**4** Flying vehicles without engines (7)
**5** An opening (8)
**6** Frail (6)
**12** Removed goods from a van (8)
**14** Fights (7)
**16** Next after third (6)
**18** Safety device in a car (6)
**19** Of delicate beauty (6)
**20** Fabric (5)

# PUZZLE 262

## Across

**4** Ludicrous failure (6)
**7** Creature that eats both meat and plants (8)
**8** Sheltered side (3)
**9** Very small amount (4)
**10** Capital of Canada (6)
**11** Options (7)
**12** Balearic island (5)
**15** Woodland god (5)
**17** Retorted (7)
**20** Bring forth (6)
**21** A single time (4)
**22** Increase the running speed of an engine (3)
**23** Anxiousness (8)
**24** Covered in cloth (6)

## Down

**1** Not rough (6)
**2** Energy (8)
**3** Rank in the forces (7)
**4** Notable achievements (5)
**5** Highly seasoned sausage (6)
**6** Ukrainian port (6)
**13** Increases rapidly (8)
**14** Form of retaliation (7)
**15** Had in common (6)
**16** Irrelevant pieces of information (6)
**18** More than is necessary (6)
**19** Hushed (5)

# PUZZLE 263

## Across

**1** Person who shapes stone (8)
**5** Soft drink (US) (4)
**8** Knotty protuberance on a tree (5)
**9** Capital of Georgia in the US (7)
**10** Chiefly (7)
**12** Precisely (7)
**14** Books of maps (7)
**16** Inflicted harm on (7)
**18** A very skilled performer (7)
**19** Fourth month (5)
**20** Ship's complement (4)
**21** Introduced fluid into (the body) (8)

## Down

**1** Wise man (4)
**2** Country in East Africa (6)
**3** Contaminating (9)
**4** By word of mouth (6)
**6** 16 of these in a pound (6)
**7** Examines in detail (8)
**11** Reproduce (9)
**12** Large outbreak of a disease (8)
**13** Measure of electrical current (6)
**14** Border (6)
**15** Ghost (6)
**17** Ran away (4)

# PUZZLE 264

## Across

4 Lethargy (6)
7 At whatever time (8)
8 Tree liquid (3)
9 Silvery-white metallic element (4)
10 Measuring sticks (6)
11 With reference to (7)
12 Trudged through water (5)
15 Supplied by tube (5)
17 Yearbook (7)
20 Text of a play (6)
21 Hints (4)
22 Domestic animal (3)
23 Insisted upon (8)
24 Coercion (6)

## Down

1 Small crustacean (6)
2 Short account of an incident (8)
3 Elate (7)
4 Quavering sound (5)
5 Elapsed (of time) (6)
6 Paired (anag.) (6)
13 Changing (8)
14 Unsurpassed (3-4)
15 Burst a balloon (6)
16 Bother (6)
18 Fruits with pips (6)
19 Wraps closely around (5)

# PUZZLE 265

## Across

1  Fast-flying insects (11)
9  Definite article (3)
10  Uncertainty (5)
11  Froglike amphibians (5)
12  Blowing in puffs (of wind) (5)
13  Large fish (8)
16  Making a deep resonant sound (8)
18  Strength (5)
20  Allocate money (5)
21  Bronze medal position (5)
22  School of Mahayana Buddhism (3)
23  Unintelligible (11)

## Down

2  Staggers (5)
3  Devout (5)
4  Type of confectionery (6)
5  Game where success is based on luck (7)
6  Gets out (7)
7  Fear in front of an audience (5,6)
8  Suggesting indirectly (11)
14  Friendly (7)
15  Squash (7)
17  Country (6)
18  Scale representation (5)
19  Stares (5)

# PUZZLE 266

## Across

**1** Overrun in large numbers (6)
**4** In mint condition (6)
**9** Burdensome (7)
**10** Distant runner-up in a horse race (4-3)
**11** Senior figure in a tribe (5)
**12** Delete (5)
**14** Trench (5)
**17** Kick out (5)
**19** Confess to (5)
**21** Modified (7)
**23** Warmest (7)
**24** Totter or tremble (6)
**25** Having only magnitude (of a quantity) (6)

## Down

**1** Enter a country by force (6)
**2** Ventilates (4)
**3** Teemed (7)
**5** Female relation (5)
**6** Bulbous plant (8)
**7** Abandon (6)
**8** Link together (11)
**13** Excited; lively (8)
**15** Pertaining to the liver (7)
**16** Cleaned using water (6)
**18** Person staying in another's home (6)
**20** Subject of a talk (5)
**22** Useful implement (4)

# PUZZLE 267

## Across

1 Canines (4)
3 Offer of marriage (8)
9 Smiled contemptuously (7)
10 Happening (5)
11 By chance (12)
13 Repeat performance (6)
15 Floor of a fireplace (6)
17 Accomplishments (12)
20 Children's entertainer (5)
21 Express severe disapproval of (7)
22 Groundless (8)
23 Sues (anag.) (4)

## Down

1 Anxiety (8)
2 Diving waterbird (5)
4 Lower (6)
5 Decide in advance (12)
6 Relating to a star (7)
7 Stringed instrument (4)
8 Commensurate (12)
12 Stiff cat hairs (8)
14 Birds of the family Cuculidae (7)
16 Removes from one's property (6)
18 Words that identify things (5)
19 Protective crust over a wound (4)

# PUZZLE 268

## Across

1 Betray (6-5)
9 Existing (5)
10 For each (3)
11 Ostentatious (5)
12 Of definite shape (5)
13 Took in (8)
16 Form the base for (8)
18 Mexican tortilla wraps (5)
21 Eats like a bird (5)
22 Vitality (3)
23 Apart from (5)
24 Car pedal (11)

## Down

2 Elongated rectangles (7)
3 Infantile (7)
4 Regime (anag.) (6)
5 Fits of violent anger (5)
6 Flower part (5)
7 Noticeably different (11)
8 One who held a job previously (11)
14 Painting medium (7)
15 Inactive pill (7)
17 See (6)
19 Funny person (5)
20 Express one's opinion (5)

# PUZZLE 269

## Across

**1** Inhalation or exhalation of air (6)
**4** Promises solemnly (6)
**9** Attempt to hide the truth (5-2)
**10** Let out (7)
**11** Hides (5)
**12** Weighty (5)
**14** Droopy (5)
**15** Shrewd (5)
**17** Move out of the way (5)
**18** Apprentice (7)
**20** Molecules that bind to others (7)
**21** Lanes (6)
**22** Crime (6)

## Down

**1** Developed into (6)
**2** Imagine as a possibility (8)
**3** Conditions (5)
**5** Affluent (7)
**6** Extent of a surface (4)
**7** Securely (6)
**8** Capital of Illinois (11)
**13** Spanish dance (8)
**14** Increased efficiency by working together (7)
**15** Domed roof (6)
**16** Contemptibly small (6)
**17** Brass instrument (5)
**19** Egg-shaped (4)

# PUZZLE 270

## Across

1 Occupancy (11)
9 Performing a deed (5)
10 Bite sharply (3)
11 Beer (5)
12 Harsh and serious (5)
13 Disappeared (8)
16 Separated (8)
18 Plant pest (5)
21 Time when life begins (5)
22 Taxi (3)
23 Bore into (5)
24 Science of communications in living things and machines (11)

## Down

2 Prodding with the elbow (7)
3 Speech; where you live (7)
4 Frozen water spear (6)
5 The protection of a particular person (5)
6 Small boat (5)
7 Action of being rescued (11)
8 Straightforward (4-3-4)
14 Short close-fitting jacket (7)
15 Sour in taste (7)
17 e.g. from New Delhi (6)
19 Pastime (5)
20 Evade (5)

# PUZZLE 271

## Across

**1** Liking for something (8)
**5** Island of Indonesia (4)
**9** Kingdom (5)
**10** Evident (7)
**11** Worked dough (7)
**12** Detection technology (5)
**13** Choice (6)
**14** Birthplace of St Francis (6)
**17** Abatement (5)
**19** Unintelligent (7)
**20** Propriety and modesty (7)
**21** Not asleep (5)
**22** Not difficult (4)
**23** Whole numbers (8)

## Down

**1** Prescience (13)
**2** Closest (7)
**3** Practice of mentioning famous people one knows (4-8)
**4** Of inferior quality (6)
**6** Preclude (5)
**7** Aggressive self-assurance (13)
**8** Make a guess that is too high (12)
**15** Copy; mimic (7)
**16** Subatomic particle such as a nucleon (6)
**18** Folds close together (5)

# PUZZLE 272

## Across

**4** Written document (6)
**7** Make something look more attractive (8)
**8** What one hears with (3)
**9** Verge (4)
**10** Bow and arrow expert (6)
**11** Seriously (7)
**12** Make a search (5)
**15** Facial hair (5)
**17** Divisions of a group (7)
**20** Pass by (6)
**21** Cipher (4)
**22** Range of knowledge (3)
**23** Royal domains (8)
**24** Continue (6)

## Down

**1** Cause to become (6)
**2** Besides; in addition (8)
**3** Short moral story (7)
**4** Arrive at (5)
**5** Exaggerate (6)
**6** Economy; providence (6)
**13** Happen simultaneously (8)
**14** Shows a film (7)
**15** Sand trap in golf (6)
**16** Active causes (6)
**18** Title used for a French woman (6)
**19** Talked audibly (5)

# PUZZLE 273

## Across

**1** Make certain of (6)
**4** Produces an effect (6)
**9** Courageous woman (7)
**10** Books forming a whole work (7)
**11** Joins together (5)
**12** Whim or caprice; find attractive (5)
**14** Domestic cat (5)
**15** Roofed entrance to a house (5)
**17** Chunk (5)
**18** Cure-all (7)
**20** Ripping (7)
**21** Guarantee (6)
**22** Mendicant (6)

## Down

**1** Breathe out (6)
**2** Unknown person (8)
**3** Precipitates (5)
**5** Enlarge; increase in size (7)
**6** Appear to be (4)
**7** Sloppy (6)
**8** Resound (11)
**13** Annoying with continual criticism (8)
**14** Opposite of thinner (7)
**15** Tropical fruit (6)
**16** Combination of two things into one (6)
**17** Large marine mammal (5)
**19** Intellect (4)

# PUZZLE 274

## Across

1 Larva of a butterfly (11)
9 One who avoids animal products (5)
10 Small viper (3)
11 Unreliable (5)
12 Absolute (5)
13 Large hard-shelled oval nuts (8)
16 A desert in south-western Africa (8)
18 Lacking interest (5)
21 About (5)
22 Negligent (3)
23 Ire (5)
24 Respectful (11)

## Down

2 With an attitude of suspicion (7)
3 Desiring what someone else has (7)
4 Young hog (6)
5 Wrinkles in the skin (5)
6 Humiliate (5)
7 For all practical purposes (11)
8 Not exact (11)
14 Axe (7)
15 Powdered spice (7)
17 On fire (6)
19 Fairy (5)
20 Sowed (anag.) (5)

# PUZZLE 275

## Across

1 Collection in its entirety (8)
5 Work hard (4)
9 Awake from slumber (5)
10 Stopping briefly (7)
11 Undo a knot (5)
12 Long deep track (3)
13 Saying (5)
15 Shade (anag.) (5)
17 Consume food (3)
19 Remain very close to (5)
20 Stations at the ends of routes (7)
21 Opposite one of two (5)
22 Open the mouth wide when tired (4)
23 Calculated and careful (8)

## Down

1 In a cagey manner (13)
2 Noisy confusion (7)
3 Excessive stress (12)
4 Loose part of a garment (6)
6 Willow twig (5)
7 Prone to steal (5-8)
8 Part of the mind (12)
14 Move like a snake (7)
16 Clothing (6)
18 Hurled away (5)

# PUZZLE 276

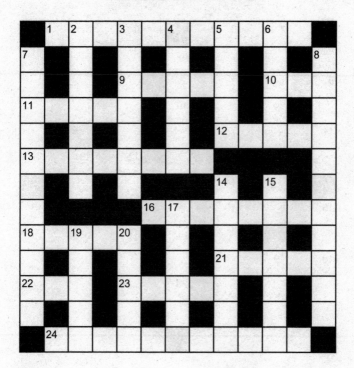

## Across

1 Excellent (11)
9 Cram (5)
10 A man; fellow (3)
11 Go to see (5)
12 Cease being awake (5)
13 Fortified wines (8)
16 Come nearer to (8)
18 Thin roofing slabs (5)
21 Make a map of (5)
22 Arrest (3)
23 Personal attendant (5)
24 Shade of blue (11)

## Down

2 Classic James Joyce novel (7)
3 Oriental (7)
4 Living room (6)
5 Bunches (5)
6 Not clearly stated (5)
7 Highly destructive (11)
8 Compassionate (11)
14 Farm vehicle (7)
15 Type of monkey (7)
17 Event which prepares for another (6)
19 Published false statement (5)
20 Rescuer (5)

# PUZZLE 277

## Across

1 Remove weapons (6)
4 Way something is set out (6)
9 Capital of Kenya (7)
10 Fabric (7)
11 Consecrate (5)
12 Reads quickly (5)
14 Presents (5)
15 Nonsense (5)
17 Take hold of (5)
18 Keep safe from harm (7)
20 Boastful person (7)
21 A husband or wife (6)
22 Untape (anag.) (6)

## Down

1 River in Europe (6)
2 Malicious (8)
3 Chessmen (5)
5 Strangeness (7)
6 Wire lattice (4)
7 Thick innermost digits (6)
8 Nimble; fast (5-6)
13 Cut (8)
14 Book of the Bible (7)
15 Go around (6)
16 Group of six (6)
17 Reproductive unit of fungi (5)
19 US state (4)

# PUZZLE 278

## Across

1 Spiny cactus fruit (7,4)
9 Base part of a tree (5)
10 Fish eggs (3)
11 Deliberate; cogitate (5)
12 Foot-operated lever (5)
13 Shrewdly (8)
16 Paucity (8)
18 Company emblems (5)
21 Chute (5)
22 Surpass (3)
23 Unshapely masses; swellings (5)
24 Daring; bold (11)

## Down

2 Withstands (7)
3 Small boxes (7)
4 Shrub with glossy leaves (6)
5 Appear suddenly (3,2)
6 Bitterly pungent (5)
7 Extend by inference (11)
8 Substitute (11)
14 Piece of furniture (7)
15 Reindeer (7)
17 Protective headgear (6)
19 Looked at open-mouthed (5)
20 Medicinal ointment (5)

# PUZZLE 279

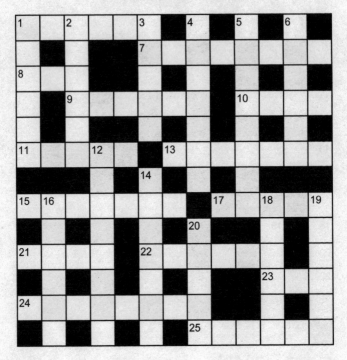

## Across

1 Forms of identification (6)
7 Chinese language (8)
8 Finish first (3)
9 Underground storage area (6)
10 Movable barrier (4)
11 Pierced by a bull's horn (5)
13 People who are in a club (7)
15 Blotches (7)
17 Number of deadly sins (5)
21 Became alert after sleep (4)
22 Unfurl (6)
23 Young bear (3)
24 Changing from water to ice (8)
25 Exhausts (6)

## Down

1 Lowering one's head to show respect (6)
2 Craned (anag.) (6)
3 Grin (5)
4 Twisted (of a tree) (7)
5 Real; definite and clear (8)
6 Acrimonious (6)
12 Went beyond a quota (8)
14 Garden flower (7)
16 On a ship or train (6)
18 Roman god of fire (6)
19 Type of rain cloud (6)
20 Boasts about (5)

# PUZZLE 280

## Across

1 Teams (5)
4 Make public (7)
7 Wound the pride of (5)
8 Choosing from various sources (8)
9 Outdoor shelters (5)
11 Exemption (8)
15 Relating to courts of law (8)
17 Item of clothing (5)
19 Aromatic plant used in cooking (8)
20 Unexpected catches (5)
21 Intrinsic nature (7)
22 Make less miserable (5)

## Down

1 Now and then (9)
2 Certificate (7)
3 Leaving gaps; padding (7)
4 Portray (6)
5 Joins together (6)
6 Guttural sound made by a pig (5)
10 Observer (9)
12 Nonconformist (7)
13 Small bone in the ear (7)
14 Shoe (6)
16 Elaborately adorned (6)
18 Male monarchs (5)

# PUZZLE 281

## Across

1 Heavy rain (8)
5 Unfortunately (4)
8 Turn inside out (5)
9 Active part of a fire (7)
10 Account books (7)
12 Nonsense (7)
14 Whenever (7)
16 Angered (7)
18 Charmer (anag.) (7)
19 Live by (5)
20 Office table (4)
21 Foliage (8)

## Down

1 Profound (4)
2 Wretched (6)
3 Fatherhood (9)
4 Sinful (6)
6 Drank with the tongue (6)
7 Reserved in advance (3-5)
11 Remove water from (9)
12 Made still (8)
13 Growls (6)
14 Worshipper (6)
15 Ask a person to come (6)
17 Extremely (4)

# PUZZLE 282

## Across

1 Arrange by category (8)
5 Throb; dull pain (4)
9 Pertaining to the voice (5)
10 Frees from an obligation (7)
11 Designed to distract (12)
14 Mock (3)
15 Double fold in a garment (5)
16 Possesses (3)
17 Ill-mannered (12)
20 Trimmed (anag.) (7)
22 Mournful poem (5)
23 Fruit of the pine (4)
24 Ambled (8)

## Down

1 Spanish sparkling wine (4)
2 Assign (7)
3 Working for oneself (4-8)
4 Sum charged (3)
6 Dried kernel of the coconut (5)
7 Author (8)
8 Disregarding the rules (5,3,4)
12 Cut off hair with scissors (5)
13 Worldwide outbreak (8)
16 Arrogance; loftiness (7)
18 Carrying chair (5)
19 Saw; observed (4)
21 Sound of a cow (3)

# PUZZLE 283

## Across

1 Trachea (8)
5 Sodium chloride (4)
9 Wash with water (5)
10 One event in a sequence (7)
11 Lentil or chickpea (5)
12 Slip up (3)
13 Bond or connection (5)
15 Protective garment (5)
17 Large period of time (3)
19 Theme for a discussion (5)
20 Stem the flow of (4,3)
21 Pertaining to birth (5)
22 Method of learning by repetition (4)
23 Reassign (8)

## Down

1 Computer program for writing documents (4,9)
2 Render utterly perplexed (7)
3 Formal introduction (12)
4 Title placed before a name (6)
6 Got up (5)
7 Conceptually (13)
8 Jail term without end (4,8)
14 Seat of the US Congress (7)
16 Fund-raising lottery (6)
18 Mature human (5)

# PUZZLE 284

## Across

**1** Obviously offensive (of an action) (8)
**5** From a distance (4)
**9** Agreeable sound or tune (5)
**10** Mark written under a letter (7)
**11** Absurd (12)
**13** Calamitous (6)
**14** Less fresh (of bread) (6)
**17** Medicine taken when blocked-up (12)
**20** Dead end (7)
**21** Outstanding (of a debt) (5)
**22** Deities (4)
**23** Portents (8)

## Down

**1** Renown (4)
**2** European country (7)
**3** Person who receives office visitors (12)
**4** Most pleasant (6)
**6** A leaf of paper (5)
**7** Assimilate again (8)
**8** Coming from outside (12)
**12** Reading carefully (8)
**15** Touching down (7)
**16** Coating (6)
**18** Managed to deal with (5)
**19** Grows older (4)

# PUZZLE 285

## Across

1 Ballroom dance (8)
5 Soothing remedy (4)
9 Opposite of best (5)
10 Singing voices (5)
11 Partiality (10)
14 Nasal (6)
15 Waterlogged areas of ground (6)
17 Woodwind instrument (3,7)
20 Relay device (5)
21 Reside (5)
22 Small branch (4)
23 Group of symptoms which occur together (8)

## Down

1 Young deer (4)
2 Distinctive atmosphere created by a person (4)
3 Amusing (12)
4 Designated limit (3,3)
6 Right to self-government (8)
7 Uses seam (anag.) (8)
8 Lacking tolerance or flexibility (6-6)
12 Highly critical remark (8)
13 Opera texts (8)
16 Indistinct (6)
18 Block a decision (4)
19 Sheet of floating ice (4)

# PUZZLE 286

## Across

**1** Destroys gradually (8)
**5** Edible fruit (4)
**9** Ridge (5)
**10** Moaned (7)
**11** Having a tendency to become liquid (12)
**14** Assist (3)
**15** Percussion instruments (5)
**16** Cereal grain (3)
**17** Changes to a situation (12)
**20** Savings for the future (4,3)
**22** Taut (5)
**23** Mend with rows of stitches (4)
**24** Ability to float (8)

## Down

**1** Soothe (4)
**2** Person with auburn hair (7)
**3** Ate too much (12)
**4** Unit of energy (3)
**6** Type of spear (5)
**7** Think deeply for a period of time (8)
**8** Constantly; always (12)
**12** Take the place of (5)
**13** Made unhappy (8)
**16** Eight-sided shape (7)
**18** Movable helmet part (5)
**19** Linger (4)
**21** Antelope (3)

# PUZZLE 287

## Across

1 Sudden heavy rain shower (8)
5 Vases (4)
9 Flaring stars (5)
10 Without help (7)
11 Ancestors (12)
13 Mixture used to bond bricks (6)
14 Small cave (6)
17 Exceptional (12)
20 Passionate (7)
21 Decapod crustaceans (5)
22 Takes to court (4)
23 Frankly (8)

## Down

1 Refuse to admit (4)
2 Ditherer (7)
3 A type of error in speech (8,4)
4 Propel with force (6)
6 Wireless (5)
7 Small stall at an exhibition (8)
8 Made in bulk (4-8)
12 Suppresses a feeling (8)
15 Drinking vessel (7)
16 Taxonomic groupings (6)
18 Opposite of below (5)
19 Catch sight of (4)

# PUZZLE 288

## Across

1 Large barrel (4)
3 Resolute (8)
9 Horizontal underground stem (7)
10 e.g. Pacific or Atlantic (5)
11 Not in good physical condition (5)
12 Write again (7)
13 Walk nonchalantly (6)
15 Gossip or idle talk (6)
17 Do away with (7)
18 Lukewarm (5)
20 Utter repetitively (5)
21 Meat from a deer (7)
22 Delays it (anag.) (8)
23 In this place (4)

## Down

1 The facts surrounding an event (13)
2 Breathe in audibly (5)
4 Speculative view (6)
5 Airing a TV program (12)
6 Perform in an exaggerated manner (7)
7 Absence (13)
8 Showed not to be true (12)
14 Retention of data (7)
16 Type of spade (6)
19 Adhesive substance (5)

# PUZZLE 289

## Across

1 Decrease in size (6)
7 Observing (8)
8 Weep (3)
9 Capital of Russia (6)
10 Fall slowly (of water) (4)
11 Enumerates (5)
13 Makes (7)
15 Slanting (7)
17 Growl with bare teeth (5)
21 Mischievous god in Norse mythology (4)
22 Pronouncement (6)
23 Pear-shaped fruit (3)
24 Person who goes to bed late (5,3)
25 Softwood tree (6)

## Down

1 Companionable (6)
2 Poems; sounds alike (6)
3 Bump into (5)
4 Flight attendant (7)
5 Corrosive precipitation (4,4)
6 Tempt (6)
12 Gloaming (8)
14 Located in the fresh air (7)
16 Pertaining to life (6)
18 Quantity you can hold (6)
19 For more time (6)
20 Skin on top of the head (5)

# PUZZLE 290

## Across

1 Stable (6)
4 Positioned a car in a space (6)
9 Cigarette constituent (7)
10 Live together (7)
11 Concise and full of meaning (5)
12 Burn (5)
14 Fabric used to make jeans (5)
15 Bout of extravagant shopping (5)
17 Damp (5)
18 River of South East Africa (7)
20 Staggered (7)
21 Streak (anag.) (6)
22 Lots of (6)

## Down

1 Stomach crunches (3-3)
2 Cause resentment (8)
3 Denounce (5)
5 Belief that there is no God (7)
6 Flightless bird (4)
7 Marked with small spots (6)
8 Type of music (4,3,4)
13 Sentence sung before a psalm (8)
14 Deciphering machine (7)
15 Thin strip of wood (6)
16 Hard to digest (of food) (6)
17 Wall painting (5)
19 Semiaquatic mammal (4)

# PUZZLE 291

## Across

1 Adventurer (8)
5 Ewer (anag.) (4)
8 Lift up (5)
9 Mournful (7)
10 Insubstantial (7)
12 Makes certain of (7)
14 Eating grass (of cattle) (7)
16 Round building (7)
18 Belief (7)
19 Type of porridge (5)
20 Therefore (Latin) (4)
21 Pulled (a muscle) (8)

## Down

1 Goes wrong (4)
2 Values highly (6)
3 In the red (9)
4 Happenings (6)
6 Newspaper boss (6)
7 Releasing from a duty (8)
11 Country in Central
   America (9)
12 For all time (8)
13 Cord (6)
14 Large seabird (6)
15 Call into question (6)
17 Delighted (4)

# PUZZLE 292

## Across

1 Moored (8)
5 Decorated a cake (4)
9 Look at fixedly (5)
10 Soft suede leather (7)
11 Developed (7)
12 Buyer (5)
13 Sugary flower secretion (6)
14 Line of latitude (6)
17 Dole out (5)
19 Rise into the air (of an aircraft) (4,3)
20 Make better (7)
21 Use to one's advantage (5)
22 Ceases (4)
23 Third in order (8)

## Down

1 Given to debate (13)
2 Extremely disordered (7)
3 Excessive response (12)
4 Encrypt (6)
6 Criminal (5)
7 Shamefully (13)
8 Unemotional and practical (6-2-4)
15 Proportionately (3,4)
16 Sheepskin (6)
18 Oily organic compound (5)

# PUZZLE 293

## Across

1 Contrasts (8)
5 Pace (4)
9 Invigorating medicine (5)
10 Total amount of wages paid to employees (7)
11 Ordinary dress (5,7)
13 In truth; really (6)
14 Done in stages (6)
17 Cheated someone financially (5-7)
20 Withstood (7)
21 Swift (5)
22 Dreadful (4)
23 Fugitives (8)

## Down

1 Reduces in length (4)
2 Mixed together (7)
3 Practice of designing buildings (12)
4 Anticipate (6)
6 e.g. molar or incisor (5)
7 Fence of stakes (8)
8 Valetudinarianism (12)
12 Squander money (8)
15 Tall tower (7)
16 Protects from heat (6)
18 More mature (5)
19 Totals (4)

# PUZZLE 294

## Across

1 A spell (anag.) (6)
4 Elongated rectangle (6)
9 The Windy City (7)
10 Fourth book of the Bible (7)
11 Thermosetting resin (5)
12 Unfortunately (5)
14 Pertaining to the Netherlands (5)
15 Comic dramatic work (5)
17 Very small amount (5)
18 Clown (7)
20 Something showing a general rule (7)
21 Become angry (6)
22 Expresses one's opinion (6)

## Down

1 Hinged case hung from the neck (6)
2 Captive (8)
3 Given to disclosing secrets (5)
5 Flaw (7)
6 Look at amorously (4)
7 Vitreous (6)
8 Substance applied to hair (11)
13 Dilapidated (8)
14 Avid follower (7)
15 Legendary; mythical (6)
16 Venomous snakes (6)
17 Hurt; clever (5)
19 Anxiety; dread (4)

# PUZZLE 295

## Across

1. In unbroken sequence (11)
9. Aromatic herb (5)
10. Chewy substance (3)
11. Parts of the cerebrum (5)
12. Iron alloy (5)
13. Exaggerated masculinity (8)
16. Highly seasoned smoked beef (8)
18. Precious stone (5)
21. Angered; irritated (5)
22. Moved quickly on foot (3)
23. Show off (5)
24. e.g. Plato (11)

## Down

2. Remote districts of Australia (7)
3. Layer of earth (7)
4. Tradition (6)
5. Speaks (5)
6. The prevailing fashion (5)
7. Highest peak in Africa (11)
8. Petty (5-6)
14. Process of setting something in motion (5-2)
15. Lack of success (7)
17. Declares invalid (6)
19. Lifting device (5)
20. Floor of a building (5)

# PUZZLE 296

## Across

**1** Enormous (11)
**9** Tree of the genus Quercus (3)
**10** Closes (5)
**11** Smart; ache (5)
**12** Swiftness or speed (5)
**13** Reduction in price (8)
**16** Grotesquely carved figure (8)
**18** Verse form (5)
**20** Become active (of a volcano) (5)
**21** Extent (5)
**22** Lyric poem (3)
**23** Lacking distinguishing characteristics (11)

## Down

**2** Finds agreeable (5)
**3** Out of fashion (5)
**4** Former students (6)
**5** Grassy clump (7)
**6** Harmful (7)
**7** Lack of being (11)
**8** Sea beacons (11)
**14** Distress (7)
**15** Act of touching (7)
**17** Warm up (6)
**18** Place providing accommodation (5)
**19** Effigies (5)

# PUZZLE 297

## Across

1 Benefactors (6)
7 Urging on (8)
8 Helpful hint (3)
9 Humans in general (6)
10 Negative votes (4)
11 Conceals (5)
13 Usefulness (7)
15 Reconsider (7)
17 Hat edges (5)
21 Read (anag.) (4)
22 Deposit knowledge (6)
23 Not in (3)
24 Calmative (8)
25 Lower someone's dignity (6)

## Down

1 Disengage (6)
2 Bit sharply (6)
3 Long flower-stalk (5)
4 Begrudges (7)
5 Grainy (8)
6 Force fluid into (6)
12 Extremely delicate (8)
14 Vapid (7)
16 Small hole (6)
18 Chant; speak solemnly (6)
19 Make less hard (6)
20 Watched secretly (5)

# PUZZLE 298

## Across

1 Charged particles (4)
3 Person who gives a sermon (8)
9 False testimony (7)
10 Device that splits light (5)
11 Asserts; affirms (5)
12 Voter (7)
13 Slender candles (6)
15 Interfere (6)
17 Museum keeper (7)
18 Post (5)
20 Cluster (5)
21 Full of jealousy (7)
22 Speed up (8)
23 Pottery material (4)

## Down

1 Unfeasible (13)
2 Boldness; courage (5)
4 Had corresponding sounds (6)
5 Uneasy (12)
6 Lifted (7)
7 Pitilessly (13)
8 Fully extended (12)
14 Root vegetable (7)
16 East (6)
19 Coral reef (5)

# PUZZLE 299

## Across

1 Goes to see someone (6)
4 Adjust in advance of its use (6)
9 Fast musical composition (7)
10 Apprehensive (7)
11 Fun activities (5)
12 Wander off track (5)
14 Leaps over a rope (5)
15 Wet (5)
17 Burst of light (5)
18 Fall back (7)
20 Caresses with the nose (7)
21 Fanciful; delightful (6)
22 Composite of different species (6)

## Down

1 Countenance (6)
2 Crafty; cunning (8)
3 Ring-shaped object (5)
5 Remedy (7)
6 Type of starch (4)
7 Of inferior quality (6)
8 Component part (11)
13 Merchant (8)
14 Evidence of disease (7)
15 Gave out food (6)
16 Came to an end (6)
17 Blurry (5)
19 Opposite of win (4)

# PUZZLE 300

## Across

4 Lorries (6)
7 Relating to the heart (8)
8 Increase in amount (3)
9 Building for grinding grain (4)
10 Expels (6)
11 Put money in the bank (7)
12 Harsh and grating in sound (5)
15 Raised to the third power (5)
17 Examines in detail (7)
20 Beat soundly (6)
21 Bird of the rail family (4)
22 Sewn edge (3)
23 Thankful (8)
24 Sport Andy Murray plays (6)

## Down

1 Part of a dress (6)
2 Arduous (8)
3 Spear thrown in athletics (7)
4 Used a computer keyboard (5)
5 Pursues (6)
6 Capital of New South Wales (6)
13 Physiologically dependent (8)
14 Temporary way of dealing with a problem (7)
15 Official seal (6)
16 Archer (6)
18 Exit; Bible book (6)
19 Blocks a hole (5)

# SOLUTIONS

## 1

```
  R E C O N S T R U C T
C X R   W   U     I I
O T   C R O O N   V A N
M A R S H   O   G I A
M E   I N   S A L A D
I M M O D E S T       V
S E   S     H   B   E
      P A R A M O U R
R A M P S   D   L U T
A A   C   R   C A R V E
T A X   A M I T Y   B N
E   I L   F   O   O T
  I M P E R T I N E N T
```

## 2

```
M I N U T E   A B L O O M
Y   A   R E   Y B   I
S I   A   N E T T L E S
T E L A V I V   E   L L
I   E   I     S E G U E
C H I L L   R   A   D
      N   S C O L D T
B   I     N   R E E K S
L E M M A   M O   I
U   I   N   E D U C A T E
R A C C O O N   G X R
B A D   T   H   L R
S I L V E R   A T H E N A
```

## 3

```
G I R L S   C O R D I A L
L E   H H   E   R
A F R O   S C R E W
D I R T I E S T   R A
D A M E   M E N S A
E S C A P I N G   E U
N T     R   R S
E   U   I G N O R A N T
D R U G S   R G S E
  E L   C O A U T H O R
B A S I S   U I E I
  M E   N S R T
U S U R P E D   H U S K Y
```

## 4

```
A C E R B I T Y   H A R D
U N   A A   C H   I
T R A I N   N E A T E N S
O B T   N   R A A
B A L S A   I B   D A D
I E   M A N G O   V
O D W   H   W A N
G   E N E M Y   E N
R H O   I S   D R A F T
A F G   P   R R A
P I T C H E R   A X I N G
H E T   I T E E
Y A N K   A T T E N D E D
```

## 5

```
I T C H   B A T H R O O M
I N O M   V I A E
A R M H O L E   E R R E D
P M T N   R S I
P E A C H   G R O M M E T
R E E   G A E
O T T E R S   P L A N A R
P A T A Y R
R E D W O O D   P O L K A
I P N V H A N
A L O N G   E P I S T L E
T L U N C H A
E L E M E N T S   S E E N
```

## 6

```
D O D G Y   R E A D I L Y
I E A E   E U
S F W P   S P E C K
C Y L I N D E R   U K
R A I A   S T A Y S
E N T A N G L E   Y T
D E G   I F I
I V   O L I V E O I L
T A X I S   I O L L
  L E   O V E R F I L L
P L A N E   E I A I
  O N   L E F
D Y N A S T Y   S I E V E
```

## 7

```
  R S A   A M O U N T
R E P U B L I C   S O
  A G T R   H I S
B R I G   E M E R G E S
  E E R S R E
O D Y S S E Y   W A S P S
    T D P D
M I D S T   M A J E S T Y
A A T R Q I
R   R U D E S T   U N D O
I L K   N I A I
N E   S N A T C H E D
E N R A G E   L Y D
```

## 8

```
V A N Q U I S H   E G G S
A E L K   H T
R O A S T   A M P H O R A
Y R I T   S R
  L M   E X A C T E D
K E Y P A D S   N S U
I T C S
N P U   I N H A B I T
G R A M M A R   O R
S N I R O A
I T A L I C S   A N N E X
Z M E G C E
E R A S   A S T E R O I D
```

**9**

```
C L E R I C . A . C . F .
U . R . . H Y D R O G E N
D U E . . I . M . L .
G . C A L L U P . P A I L
E . T . D . O . N .
L O S E R . A S S U R E S
. . M . Z . N
U T O P I A N . A D E P T
. H . M . F . Q . R
B O O R . B U R E A U . O
. R . O . E . O . A W L
U N F R O Z E N . T . L
. S . S . I . D I N E R S
```

**10**

```
C A T S . P R E D I C T S
A . A . B . E . I . A . U
L E C T E R N . S I D L E
L . I . L . E . C . E . T
B A T T L E G R O U N D
A . . I . E . U . Z . U
C H A R G E . O R D A I N
K . N . E . A . A . . F
. E X T R A V A G A N Z A
W . E . A . I . I . S .
A C O R N . T O N I G H T
R . U . C . A . G . E . E
M A S S E U R S . I R O N
```

**11**

```
B R O N C H U S . E C H O
E . R . A . T . H . V .
S T A I R . O P E R A T E
T . T . D . P . I . R .
. O . B . I N S U R E D .
P E R S O N A . E . S . R
I . A . C . . A . C . A
E . Q . R . S H A L L O W
R O U N D U P . T . E .
C . A . A . A . E D . O
I N S U L A R . U R G E D
N . A . S . R . E . E
G E R M . M E A S U R E S
```

**12**

```
R E F U N D . S . C . R
U . E . . R E P O R T E R
B E D . . A . I . P .
R . O R I G I N . T O U R
I . R . S . A . I . T .
C L A W S . I C I C L E S
. . . H . L . H . A .
M O N I T O R . B L A N K
. R . S . G . B . V . I
P A C T . B O L E R O . N
. T . L . O . U . W E D
W E R E W O L F . E . L
. S . S . K . F R I D A Y
```

**13**

```
. P O I N T O F V I E W .
A . D . E . U . I . X . A
P H I . E X T R A . C . S
P . U . D . P . D A L E S
R U M M Y . U . U . A . I
O . . S T I C K I N G .
B . C . U . T . M . N
A T L A N T I C . . . M
T . O . D . N . C R E P E
I S S U E . F . H . N . N
O . U . R I O J A . S A T
N . R . G . R . I . U . S
. R E C O M M E N D E D .
```

**14**

```
T W I N K L E D . S L A P
A . G . N . N . . O . L
C O N G O . T O R N A D O
T . I . C . R . . T . D
. . T . K . A B A S H E D
S P E E D U P . D . E . I
C . . O . . A . . N
I . W . W . T O P P I N G
S T R I N G S . T . N .
S . I . . E . A . F . S
O U T L A S T . B R A C E
R . E . . S . L . N . L
S U R F . P E D E S T A L
```

**15**

```
B R A N C H E D . I C E S
E . N . O . S . U . A . E
W I D E N . T E N D R I L
I . A . S . A . S . G . F
L U N G E . T . U . O U R
D . T . R E E D S . . I
E . E . V . . P . A . G
R . . A M P L E . D . H
I M P . T . E . C R A F T
N . A . O . E . T . M . E
G E N E R A L . I M A G O
L . E . Y . E . N . N . U
Y A L E . F R I G A T E S
```

**16**

```
E X C E P T . L O G J A M
M . R . R . B . S . U . I
P R O V I D E . T . D . S
I . S . V . N A R R O W S
R I S K Y . E . I . . E
E . B . . V . C A P E S
. . O . B O O T H . R .
R O W E R . L . . I . A
E . . I . E . L A S E R
T R A D E I N . U . T . D
I . N . F . C O R N I C E
N . E . L . E . K . N . N
A L W A Y S . A S C E N T
```

306

## 17

```
E Y E T O O T H   S W A P
K   V   S   A B   H   E
E N A C T   B A R G A I N
S   S   E     E   C   I
    D I N N E R J A C K E T
C   O   T   O   K     E
O W N   A B O U T   D I N
N     T   S   H   E   T
S E L F I N T E R E S T
I   E   O     O   P   F
S C A P U L A   U S A G E
T   S   S   D   G   I E
S E T S   B O T H E R E D
```

## 18

```
C R E V I C E S   F L E E
H   X   N Q   S   L   M
E T H I C   U N C L A S P
F   O   O   I   R   M T
    A R O M A T H E R A P Y
E   T   P Y   E     I
V I S U A L   U N S E E N
I   T   I   W   Y   G
D I C T I O N A R I E S
E   O   B H   I   L   S
N O V E L L A   T W E A K
C   E   E L   E   T   U
E A R N   N E B R A S K A
```

## 19

```
B O S T O N   C Y C L E D
A   H   R F   A   I   E
S I A   A C C U S E S
S Y N O N Y M   H   T I
E     G I     T R E E S
T R U C E   L   N   T
  N     S W I S S   E
P S     A   T I R E D
L O T U S   R O   I
U   E   A   I M P R E S S
S T A R L E T   P   X O
E   D O Y   E   I   W
S H Y I N G   P R O T O N
```

## 20

```
  S U B S I S T E N C E
O   P   T E R   H   U
S O P   U T T E R   E P
T   E N T   A D A P T
E A R N S   E T   P O
N     T R O U B L E S
T A F   M   Y   C
A P P R O V A L   R
T P R T   M A G M A
I D E A S   R A   U T
O A   A R I A S   S A C
N S   K U O   T   H
  D E T E R M I N I S M
```

## 21

```
S O B S   I N V I T I N G
O A   C O M M   M O
P A R I A H S   P U P I L
H G   B H   E   O   D
I C E   I O   R O U G E
S   N E W T S   N   N
T C E     O   D   J
I L   T O K E N   U
C R E A M   A A   W E B
A R   A R T   R   I
T H I C K   A X O L O T L
E C E   T R   N   E
D I S C R E E T   O G R E
```

## 22

```
  S M F   B U S H E L
B E A U T I F Y   O U
N L C L   L E G
R I O T   T R A V E L   G
O I I W       O   E
K R Y P T O N   C O W E D
  L N D R
D R I E D   F I D G E T S
O N   J R A   H
G   T E N A N T   N E R D
G E E   M I I   O
E N   B L E S S I N G
D E T E R S   R T E
```

## 23

```
C A L L   S W E E P I N G
H U   C A N   M O
A R T W O R K   T E M P O
R E M   E H E   D
A E S O P   N E U T R O N
C   L S S   S A
T O T T E R   D I R E C T
E R T A   A   U
R E A D E R S   S O L A R
L V N T   T Y E
E V A D E   U N I F I E D
S I S T   C N L
S P L A S H E D   U G L Y
```

## 24

```
O T I O S E   A B I D E S
E M   E A R   I   N
U M P T E E N   I R A
V O K   T W O S T E P
R U S T S   I C   P
E I   C   H A S T Y
  N   S H I N E   E
F I G H T   P   R A
O A A   C H E S T
L E A F L E T   A N T
L G E   E M B R A C E
O U S S   A D S
W R E A T H   F L U E N T
```

## 25

```
S I T S ▪ J A L A P E N O
T ▪ R ▪ C ▪ N ▪ E ▪ Q ▪ V
E C O N O M Y ▪ R O U T E
R ▪ V ▪ M ▪ O ▪ O ▪ A ▪ R
E K E ▪ M ▪ N ▪ D O T E S
O ▪ ▪ E V E R Y ▪ O ▪ T
T ▪ E ▪ N ▪ ▪ N ▪ R ▪ A
Y ▪ R ▪ C O N G A ▪ T
P R O S E ▪ A ▪ M ▪ T I E
I ▪ D ▪ M ▪ T ▪ I ▪ O ▪ M
C R I M E ▪ I N C L U D E
A ▪ N ▪ N ▪ V ▪ S ▪ G ▪ N
L E G A T E E S ▪ S H U T
```

## 26

```
R E L A T I V E ▪ O M I T
A ▪ I ▪ H ▪ E ▪ C ▪ O ▪ U
S E T T O ▪ R O O S T E R
H ▪ H ▪ U ▪ N ▪ M ▪ E ▪ N
▪ D I A G R A M M A T I C
A ▪ U ▪ H ▪ L ▪ E ▪ ▪ O
T O M A T O ▪ E N I G M A
Y ▪ F ▪ U ▪ S ▪ R ▪ T
P R E S U M P T U O U S
I ▪ X ▪ L ▪ T ▪ R ▪ B ▪ S
C O C H L E A ▪ A B B O T
A ▪ E ▪ Y ▪ K ▪ T ▪ E ▪ U
L O L L ▪ D E P E N D E D
```

## 27

```
P E T A L S ▪ P ▪ A ▪ A
A ▪ A ▪ ▪ P H A N T A S M
T I N ▪ I ▪ N ▪ H ▪ T
R ▪ D A H L I A ▪ L A R K
O ▪ E ▪ L ▪ C ▪ E ▪ A
L I M I T ▪ S H U T E Y E
▪ ▪ N ▪ D ▪ E ▪ I
A M A S S E D ▪ S C U F F
▪ E ▪ T ▪ S ▪ M ▪ R ▪ O
F A I R ▪ S C A R A B ▪ R
▪ D ▪ U ▪ E ▪ N ▪ A R M
C O N C E R T I ▪ N ▪ E
▪ W ▪ T ▪ T ▪ A P P E A R
```

## 28

```
T O R P I D ▪ S M I T E S
A ▪ E ▪ N ▪ B ▪ A ▪ H ▪ N
S ▪ A ▪ R ▪ E N D G A M E
S E R I O U S ▪ A ▪ N ▪ E
E ▪ ▪ A ▪ T ▪ M A K E R
L U C I D ▪ S ▪ ▪ Y ▪ S
▪ R ▪ S T E E P ▪ O
R ▪ E ▪ L ▪ R O U N D
A D D E D ▪ L ▪ O ▪ ▪ E
B ▪ I ▪ R ▪ I N J U R E S
B I T T E R N ▪ E ▪ I ▪ I
I ▪ O ▪ A ▪ G ▪ C ▪ D ▪ G
T I R A D E ▪ S T R E W N
```

## 29

```
▪ C O U N T E N A N C E
I ▪ U ▪ A ▪ X ▪ M ▪ U ▪ H
N ▪ T ▪ T W I C E ▪ B Y E
D E L F T ▪ T ▪ N ▪ I ▪ A
E ▪ O ▪ E ▪ E ▪ D O T E D
P R O T R U D E ▪ ▪ ▪ T
E ▪ K ▪ S ▪ ▪ F ▪ I ▪ E
N ▪ ▪ ▪ S R I L A N K A
D E C K S ▪ E ▪ U ▪ S ▪ C
E ▪ A ▪ P ▪ C ▪ S O U T H
N E T ▪ A L O F T ▪ L ▪ E
T ▪ E ▪ W ▪ U ▪ E ▪ I ▪ R
▪ T R A N S P A R E N T
```

## 30

```
G E N I U S ▪ S T A D I A
R ▪ E ▪ N ▪ S ▪ O ▪ O ▪ S
E ▪ O ▪ I ▪ I G N E O U S
B E N E F I T ▪ E ▪ R ▪ E
E ▪ ▪ O ▪ T ▪ D E B I T
S U P E R ▪ I ▪ ▪ E ▪ S
▪ R ▪ M A N I C ▪ L
S ▪ E ▪ G ▪ A D L I B
P A S T A ▪ D ▪ S ▪ ▪ A
A ▪ S ▪ N ▪ U N C A N N Y
D E M O N I C ▪ A ▪ E ▪ I
E ▪ E ▪ U ▪ K ▪ D ▪ R ▪ N
S I N G L E ▪ B E L O N G
```

## 31

```
U L N A ▪ S T A D I U M S
N ▪ E ▪ W ▪ A ▪ I ▪ N ▪ I
P O W D E R S ▪ C U R E D
R ▪ L ▪ T ▪ T ▪ O ▪ E
E G Y P T ▪ E N A B L E S
C ▪ E ▪ D ▪ T ▪ L ▪ P
E S T E R S ▪ M O R S E L
D ▪ R ▪ W ▪ S ▪ R ▪ ▪ I
E M I N E N T ▪ S P L A T
N ▪ V ▪ I ▪ U ▪ H ▪ I ▪ T
T Y I N G ▪ C H I A N T I
E ▪ A ▪ H ▪ C ▪ P ▪ E ▪ N
D E L E T I O N ▪ P R I G
```

## 32

```
B U G L E S ▪ S ▪ U ▪ K
I ▪ O ▪ ▪ P I C K M E U P
C O B ▪ ▪ O ▪ H ▪ B ▪ N
E ▪ B E C O M E ▪ R U G S
P ▪ L ▪ R ▪ M ▪ E ▪ F
S P E A K ▪ Z E A L O U S
▪ ▪ E ▪ J ▪ D ▪ L
B R U S Q U E ▪ G A W K Y
O ▪ T ▪ M ▪ B ▪ O ▪ E
B A T H ▪ P R O N T O ▪ A
R ▪ E ▪ I ▪ R ▪ ▪ F O R
S E N T E N C E ▪ E ▪ N
D ▪ E ▪ G ▪ D E B R I S
```

## 33

```
A N T I D O T E   B R I M
P   R   E   H A E   A
P E A R L   R E P E A L S
L   I   I   U   P R S
I M P A C T S   R U M B A
C   S   A   H E   C
A V E R T S   S C O R C H
B   E   S   I E   U
I R O N S   C L A U S E S
L F S Y   T T E
I N F L E C T   I N A P T
T   A N H O   T T
Y O L K   K E E N N E S S
```

## 34

```
  F   S   R   U S A B L E
T I G H T E N S   O   A
  E   A J H   N O R   T
F R O M   O B E Y E D   H
  C   B I   R   E   H
T E L L I N G   M A D L Y
  E   S R S
L O U S E   D E S P O I L
Y   N   R A E   S
R   L E G E N D   R O L L
I R E   F M I   A
C   S   E M I T T I N G
S I S T E R   T Y D
```

## 35

```
C H L O R I N E   A V I D
A U E   I   I   E
M I X U P   C A R R O T S
P   U   U E   L I
  R B   L O O P I N G   N
L O Y A L T Y   F N N
O   I   F   E
A F S   A V E N G E D
T O U G H E N   R R
H S   T I A A
I N I T I A L   N E V E R
N O   E G E T
G E N E   B R I S T L E S
```

## 36

```
R E P E N T   A   A S
W   U   R I D I C U L E
A N T   I U T E
N   S C R A W L   I B E X
D C   D A V V
A C H E D   S T R I P E S
    X D E S
C R Y P T I C   A M P L Y
E I S S   L I
O V E R   A R M A D A   E
E I V I   N I L
R A I N C O A T   E D
L G W   E X U D E S
```

## 37

```
J U S T L Y   D A C T Y L
U O U D   F R E
R E M O R S E   R I A
I B E   T A I L O R S
S O R T S   E C E
T E R   A T O M S
  R   D E I G N   V
A B O D E   O E T
D V R   H O R D E
J A M A I C A   E T A
U E A   T H R E A D S
S A T E O K E
T E N D E R   A N G E L S
```

## 38

```
  F O R T N I G H T L Y
S V U S U A C
W O O   M O O D S   C O
I I M B   T H O R N   C
T O D A Y   A L N C
Z   F R E E W I L L
E A C   D C U
R E C H A R G E   S
L I N E   F U N G I
A U D I T   M L E O
N I   A M I G O   P U N
D F T N R A S
  D Y N A M I C A L L Y
```

## 39

```
C A F E   I M P L I C I T
H O E   O O A O
R E L A X E D   N A D I R
O D P E G E N
M I S R E P R E S E N T
I R N T C S
U N V E I L   M A D E U P
M E M N N L
  I N D E P E N D E N C E
H E N U I Y N
A L E R T   R E N A M E D
I R A O G P I
R U S T L I N G   C H A D
```

## 40

```
B U T C H E R S   I C O N
U H I A I R I
C H I R P   G Y M N A S T
K M P M T R
  A B S O L U T E Z E R O
E L P N A G
F O E   O R C A S   C U E
F T U U A N
U N F L A T T E R I N G
S A M A D O
I N T R U D E   B E L O W
O E S B L E E
N O D S   O B S E S S E D
```

## 41

```
  F   R   B   W A R R E N
L I T E R A T I   U   A
  G   T H E     S E T
C H E R   R E L E N T   T
  T   A   D   I   E
P S Y C H I C   O S C A R
      T   N   E   E
P R E S S   C L A R I O N
R   X   A   U   A   P
I   I M A G E S   P O U R
M R S   A   I   H   S
A   T   I N V O I C E S
L E S S E N   E   M   S
```

## 42

```
B O B S   U G L I N E S S   S
I   L   H   A   N   A   E
O B E Y I N G   V I G I L
D   A   N   G   U   E   F
E L K   D   L   L Y R I C
G       Q U E E N   L   O
R   G   U   E   Y   N
A   E   A N G E R     T
D O N O R   I   A   S E A
A   E   T   G   B   N
B O R N E   G A L L E O N
L   I   R   L   E   A   E
E X C E S S E S   S K I D
```

## 43

```
C O W S   O B V I A T E D
H   A   E   U   N   R   U
I N D U C E S   T R U C K
L   E   O   H   E   S   E
D I S I N T E G R A T E
I   O   S   C   E   R
S E S A M E   N E E D L E
H   H   I   B   P   A
  D E S C R I P T I O N S
S   L   A   G   I   R   O
M E T A L   B R O A D E N
U   E   L   E   N   E   E
T A R R Y I N G   A R I D
```

## 44

```
G A D F L Y   S P O R T S
R   R   E   P   A   E   C
E   U   A   R E G U L A R
E M B A R G O   E   I   E
K   N   P   D O G M A
S U I T E   O   I   M
  N   D A R T S   O
O   F   T   W I N E S
F L E S H   I   E   T
F   R   A   O V E R P A Y
E D I T I O N   T   U   M
R   O   R   S   E   P   I
S T R E S S   E N C A G E
```

## 45

```
E X P I R E   S C A L E D
R   E   U   I   R   O   A
S E C T I O N   U   G   M
A   U   N   V I C I O U S
T O L L S   O   I   O
Z   I   L   A V I A N
  A   G A V E L   N
W I R E R   E   S   O
A   E   M   P L E A D
R A D I A T E   A   C   D
S   E   S   N E P T U N E
A   E   E   T   A   R   S
W I D E S T   A L B E I T
```

## 46

```
  Q U A R R E L S O M E
V   N   E   D   T   E   I
A   S   C I D E R   R U N
T H O S E   I   E   G   T
I   U   D   E   W H E R E
C A N O E I S T       L
A   D   S   E   S   L
N       D A I Q U I R I
C L A N G   R   U   M   G
I   U   A   R   A R I S E
T U X   F A I N T   L   N
Y   I   F   V   E   A   T
  U N N E C E S S A R Y
```

## 47

```
C O R N   L U S C I O U S
U   E   S   P   H   R   L
T H R O U G H   A D A G E
T   U   B   O   M   T   I
H I N T S   L O P P I N G
E   T   D   I   O   H
M I S S A L   H O R N E T
U   O   N   D   N   O
S H U T T E R   S C A R F
T   R   I   E   H   T   H
A C C R A   A R I Z O N A
R   E   T   M   P   N   N
D I S S E C T S   H E E D
```

## 48

```
A R M I E S   A   S   S
M   I   P U N C T U A L
B A N   A   A   A   I
U   C A R T E L   R U N S
S   E   E   O   F   T
H O S T S   A G A I N S T
    R   T   Y   S
A P P E A R S   S H O T S
U   S   U   B   U   H
S N A P   F O R E S T   A
D   A   F   I     B E G
D I S S O L V E   I   G
  T   S   E   F O N D L Y
```

310

# 49

HOTSPOTS ASIA
SPRAT CLEARUP
INCOHERENTLY
ANYHOW MUTTON
REFRIGERATOR
DENIALS INGOT
RARE SPINSTER

# 50

HALVES EKS
PASSABLE
COT
AFRICA GAPS
COYLY REPRESS
HEAVING HOLDS
DEER LEADER
VOW
STAGNANT
SLEEPY

# 51

PERSPIRE SPAT
ELATE WEAPONS
OUTWEAR CLONE
SPROUT ASPIRE
SUCKS WAITERS
INEPTLY TEASE
GLOW EDUCATES

# 52

AMBUSHES SCUD
TRUST LONGBOW
CONSEQUENCES
AIR ADORE SAD
COURTMARTIAL
SPURRED BREVE
SAYS SWEETPEA

# 53

AUDIOVISUAL
KARMA RIB
RAIDS FOYER
DECEMBER
CALAMARI
CODES HEART
NOT EXUDE
ADOLESCENCE

# 54

ROUTES R O
TREATISE
LAD
UNEVEN AWRY
SLYLY GOODBYE
BOMBARD BEGIN
OILY WORTHY
PEG
PERSONAL
LOOSES

# 55

ARKS AMBROSIA
MONSOON OWNED
GOODTEMPERED
TUTORS GATEAU
COMPLACENTLY
ACTOR PORTICO
HURRYING ALLY

# 56

EYECATCHING
RAW ROLLS
BEAST
BOSSY EAT
GRANDEUR
MINORITY
GAMUT
TAUNT
HENCE SUN
CHIROPODIST

## 57

```
O U S T   E Q U I P P E D
U   Y   R U N   I   A
T O R P E D O   V I C A R
D   U   P   T E   C   K
A P P R E H E N S I O N
D   T   S   T L   P
E X O T I C   K I M O N O
D   V   T   D G   L
  D E L I B E R A T E L Y
L   R   V   A T S   G
A G A T E   F R O N T A L
M   L   L   E R E   O
A L L A Y I N G   T R O T
```

## 58

```
V I S C E R A L   O P A L
O   M L   K A   E   E
T H E S E   I N S E C T S
E   A C   M T   A   S
  P R O T U B E R A N C E
M   E   R   O O     N
I N D O O R   I N S A N E
G   P   P   A T     D
R A B B L E R O U S E R
A   I A   I T   L   A
I M P E T U S   I L I A D
N   E E   O C   E   A
E D D Y   A N G S T R O M
```

## 59

```
C U B S   R E P R I E V E
R   O A   A   E P   X
A S S I S T S   H E I S T
F   O T   E   A G   R
T A N G O   L I B E R I A
S   N   S   I A   V
M A S S I F   A L U M N A
A   Q   S T   I   G
N A U G H T Y   T H E T A
S   A M   C   A V   N
H A L V E   O U T M O S T
I   L N   O   E K   L
P O S I T I N G   R E L Y
```

## 60

```
A C C E D E   S P O K E N
L   E R   E I   I   O
S E R V I N G   E   E O
A   E V   A R R I V E S
C A B L E   L   C   E
E   R   I   E L V E S
    U   N O T E D   A
C A M E O   A   R   F
A   Z   R   S K I L L
J A C U Z Z I   T   A O
O   O   L   A E R O B I C
L   O E   N O   L   K
E X P O S E   S P E E D S
```

## 61

```
D O M I N O   A   E S
E   A   B E N E F I T S
P I G   E   O   F E
A   P R A Y E D   L A W N
R   I   S   Y U   E
T E E N S   I N T E N D S
  E   C   E N
W R O U G H T   E T U D E
  E   R E S   N   L
H A L O   C A T N A P   A
  P   T K E     A C T
D E R I S I V E   C E
  R   C N   R O C K E D
```

## 62

```
  B   D I   A F F A I R
D E T R I T U S   D   H
  R   U E   K   D A Y
A L U M   R U E F U L   T
  I   B A D   E   H
I N S E R T S   M O D E M
  A   E R P
D E B T S   C O M P A S S
R   A   B D   O   T
A   S C A R C E   S O U R
W O K   E   N I   R
E   E   A L T I T U D E
R E T O O K   S   E Y
```

## 63

```
C Y C L I C A L   A V E R
O   O N   C Q   I   E
M A G I C   A Q U A T I C
P   N O   C   I A   E
A L A R M   I N   L O P
N   T   P L A I T   T
I   E E   E   T I
O   T A P E S   R   V
N U B   E L   S I E G E
A   R   N A E   A   N
B L O T C H Y   N U D G E
L   I E   E C   L   S
E E L S   I D L E N E S S
```

## 64

```
D E F U S E   P L A T E S
E   I C   D A   U   M
B A R R A G E   N   T A
A   E R   L A C Q U E R
R O W D Y   I   E   T
K   A   C   T R I E S
  L   D R I E S   N
B U L G E   O   C   M
R   V   U   P R O B E
E N G R O S S   R   M R
A   A T   L O O T I N G
C   L E Y   V   N   E
H O A R D S   B E G G E D
```

312

**65**

```
A N S W E R E D . T A L C
D . C . C . L . C R O .
V O U C H . D O O R M A N
E . D . O . E . M E V .
R I D D L E S . M E D I A
T . E . O . T . O . L .
I N D U C T . U N T R U E
S . . . A M W E S . . .
E V I C T . A S E P T I C
M . M . I N . A R E . .
E X P L O I T . L E A R N
N . E . N . R . T C C .
T A L L . C A S H M E R E
```

**66**

```
K E Y S T O N E . F E T A
I . U . E E . X . C .
N I C K S . T A F F E T A
K . C . T T . M . D .
. A I . E C L I P S E .
R E S U M E D . J T M .
E . . O . U . I . . .
J F N . A L B A N I A .
E N J O Y E D . L . O .
C . O . . O J R H . .
T E R R I E R . A D D L E
E . D . . E N I R . .
D O S E . A D V A N C E D
```

**67**

```
S A N T I A G O . N I P S
I . O . N U D M U .
C I V I C . R . E X I T S
K . A O G M T P .
. A M E L I O R A T E .
B R P E N T C .
A R E N A S . A S P E C T
C S R S T D S .
K O O K A B U R R A .
H L B L A C S .
A N V I L . L . B O A S T
N E E E L R A .
D I S H . U N D E R D O G
```

**68**

```
. S . R . A . C E L E R Y
U P H E A V A L . L . O
. R . C . I O . D E N
T I E R . D E S I R E D
. T . E I E R . E .
R E G A T T A . W I S E R
. T Y G M . .
B E S E T . C R O P P E D
R A . S E R L .
O D E A C O N . O W E S
A N D . A A P V .
C . E . R E D D E N E D
H A N G U P . E R N .
```

**69**

```
R E S I S T O R . S E L F
E U I R D X U .
D E B U G . B U I L T I N
O U N I S O N .
. A R T I S T I C A L L Y
H B F S O M .
A S S A I L . C R I M E A
R C L D I N .
D O G M A T I C A L L Y .
S R N N N I N .
H A I R C U T . T I T L E
I N E E L I C .
P A D S . P L A Y B A C K
```

**70**

```
B O N O B O . S H O O T S
O O A E O R C .
O E L . N O U R I S H
M E L O D I C N E I .
E I O . D E N T S .
D R A W N U T T .
. G . G O R S E A .
C R A T A L E S .
H E A T H G C E .
E R A I N H U M A N .
W R I T T E N I A O .
E A E G N M R .
D A N I S H . I G U A N A
```

**71**

```
E X P E C T E D . A C I D
M O L U C L I .
B A N J O . R I O T O U S
E T S E U U T .
L O O S E K N T E A .
L O M E A N T S .
I N O E E T .
S U N D E R L E .
H E R T R C H I E F .
M O H E L T U .
E M B L E M S A R I E L .
N I D S I S L .
T A N S S Y M M E T R Y .
```

**72**

```
I N K S R A M P A R T S
N E M I Y E T .
C O M M A N D R O T O R
O P N I O R A .
N I T U N T R A C T .
C F U G U E C E .
E C A C T G .
I H C A T C H H .
V A U L T E N A R C .
A C U N I M A .
B A K E R D E C I B E L
L E E O S E L .
E N D U R I N G A R T Y
```

313

## 73

```
H A P P E N   A L P A C A
U   O   N   B   O   C   D
S   E C   O F F E R E D
H U M D R U M   T   I I
U     U   B   Y E M E N
P U F F S   A     O   G
    R   T U R N S     N
S E     D     C R Y P T
C R E S T   M A     O
A Z A   E S T A T E S
T R E A S O N   T O S
H   R   T   T E A E
E S S A Y S   G R A D E D
```

## 74

```
  P R E P A R A T O R Y
A U   O U   I   O   O
B N   S L I N G   C U P
S T A R S   N   E K   I
T W E E   R I S E N   I
R H A P S O D Y     I O
A   Y S     L V   O N
C     R E V I S I O N
T I C K S   N G S   A
A H   I D   H O I S T
R Y E   G R E E T   T E
T   C   H A   U O   D
  S K Y S C R A P E R S
```

## 75

```
F I F E   A C C U S T O M
L   L   B   N   H O
A M U L E T S   E X U L T
S   M   W   T   M M   H
H I P   I   L   P U P A E
I   L O Y A L   E R   C
N   I D     O D   O
T   N   E A R L Y
H I K E R   A M   T A U
E   L   M   I E   A N
P R I D E   S A N D P I T
A   N   N   I   T E R
N E G A T I N G   T R A Y
```

## 76

```
D R I L L I N G   A C M E
A   M   I O     R   G
R I P E N   Z O O L O G Y
E   E   G Z     C   P
    L E   L A W S U I T
R E S E R V E   E S   I
A   A   I     A     A
I   A N   B E T W E E N
N O S E G A Y   H   L
F   H     G   E   I A
A V O C A D O   R E C U R
L   R     N E   I I
L E E K   V E N D E T T A
```

## 77

```
P A R A D I G M   I D E A
R   A   I Y   A E   G
E D I T S   P E D D L E R
T   S   B S   M   V E
E L I D E   U   O   E W E
N   N   L U M E N     A
T   G   I     I A B
I   E D G E S   Q   L
O R B   V   A   H O U S E
U   U I   Z   M   E   N
S T R A N G E   E R O D E
L   M   G   B   N U S
Y E A R   C O N T E S T S
```

## 78

```
E F F U S E   N E T T L E
X   E   E Q   N R   V
P L A T E A U   G O   A
I   S   M   A L L O Y E D
R E I N S   N   I     E
Y   B   T   S W O R D
    L   C O U C H   N
P I E T Y   M   E   R
E     C   L   W H O L E
D E V A L U E   I   N J
A   A   O   A P P R O V E
N   S   P P   E   N C
T H E I S T   A R R E S T
```

## 79

```
A P L O M B   E   B   R
T   E   L I N G E R E D
H O G   E   G   S   C
E   U P R E A R   T A K E
N   M   P   A   O   O
S E E P S   A V O W I N G
    R   B   E   A
W A T E R E D   S L U S H
    R   D   S   R   U
T R I M   T A C T I C   N
  A   B   I   A   H U G
C Y C L A M E N     I E
  S E E   E   S I N N E R
```

## 80

```
E N C O D I N G   A J A R
X   U   E A   H O   O
T H R U M   S N O R K E L
R   S   O   S   P   E   L
A D O R N   A   E   S H E
O   R   Y   T   E   S C
D     R O P E S   U   O
I O N   A   L   S Y R I A
N   I   T A N   R   S
A N C H O V Y   E J E C T
R   E   R E   S A   E
Y A R N   W R E S T L E R
```

314

## 81

```
  C H O R E O G R A P H   E
P   O   I   B   U   Y   E
R O W   L O O T S   R   M
A   L   L   I   T R A D E
C A S E S   S   L   M   R
T         S T E E P I N G
I   M   C       D     D   E
C H E R O O T S         N
A   M   P   I   H A V O C
B E E F Y   N   O   O   I
L   N   C E D A R   T O E
E   T   A   E   S   E   S
  P O L T E R G E I S T
```

## 82

```
A L L O C A T E   I D L E
U   E   O   U   C   I   A
K N O W N   G R O U S E S
S   T   V   N   C   T
  K A L E I D O S C O P E
O   R   N   I   I       R
D I D   T U N E D   C O L
O     I   G   E   O   Y
M E Z Z O S O P R A N O
E   I   N     A   C   B
T O P I A R Y   B R I B E
E   P   L   A   L   S   D
R A Y S   T W E E T E R S
```

## 83

```
  C   C   S   A D A G E S
N A R R A T E D     L   E
  S   U   I   I     O W L
F I S T   G N O M E S   E
  N   C   M   S     S   N
H O T H E A D   S T Y L E
    E   S   F   A
F A L S E   V I B R A T E
L   I   G   R   R   E
U   F I G U R E   A W A Y
F I T   L   A   G   S
F   E   F U R R O W E D
Y O D E L S   M   N   L
```

## 84

```
  C O M P U N C T I O N
S   Z   L   U   O   S   D
T O O   A C T E D   M   E
I   N   Y   M   D O O M S
P O E M S   E   L   S   I
U     A G R E E I N G
L   H   C     R   S   N
A N A C O N D A       A
T   P   P   E   E G R E T
I M P L Y   F   A   A   I
O   I   I N E P T   D U O
N   E   N   C   E   O   N
  F R I G H T E N I N G
```

## 85

```
L I T T O R A L   A G E D
O   O   B   V   H   L   I
N E C K S   O N E N E S S
G   C   C   W   A   A   R
S P A T U L A   V E N U E
U   T   R   L   Y   S   S
F R A C A S   C H I N U P
F   N   C   E   E   E
E X A C T   E L A S T I C
R   P   I   N   R   T   T
I M P O S E S   T H I E F
N   L   M   O   E   N   U
G R E W   P R O D I G A L
```

## 86

```
C A R P   F L O U N D E R
O   E   S   E   N   U   U
M E A N I N G   R U C K S
M   D   M   A   E   H   T
O L Y M P I C G A M E S
N     L   Y   S   S   M
L E V I E D   M O U S S E
Y   O   M   A   N     R
  F L Y I N G S A U C E R
B   U   N   L   B   A   I
E B B E D   E L L I P S E
E   L   E   A   E   E   S
F R E E D O M S   G R I T
```

## 87

```
  C A P T I V A T I N G
A   P   O   O   E   O   C
R A P   T I L T S   I   H
T   L   A   U   T A S T E
I D Y L L   M   I   I   E
C       S E L F L E S S
U   S   D     Y   R   E
L E T T E R E D       C
A   A   F   D   A W F U L
T E M P I   G   L   E   O
E   I   C R I M P   T O T
D   N   I   N   H   C   H
  C A R T O G R A P H Y
```

## 88

```
  A   S   L   A C C E N T
A L L U R I N G   R   I
  C   N   N   E   A Y E
F O W L   K A N S A S   R
V   I   I   T     E   R E
B E G G I N G   J A D E D
  H   G   R   C
D I R T Y   L U N C H E D
I   A   S   S   S   O   V
S   D A S H E S   R O O M
C H I   O   I   D   K
O   U   W E A K E N E D
S U M M O N   N   D   S
```

315

## 89

```
REPORTED FLOP
H R E A   E L
EXIST RIVIERA
A EAN   W   T
  S I ESTUARY
SETTLER A Y P
T   E   R   U
A B R EXPOSES
GUESSED A   A
N D   I U F W
AMBIENT LEASH
T U   E I R E
EDGY IDENTITY
```

## 90

```
LOCH SATIABLE
A O U S N O W
REMINDS THREE
G E V O E O R
ENTREPRENEUR
S   R T S G A
STUPID MISHAP
E M F A F   P
 CLAIRVOYANCE
A A A A I O A
PLUMB IGNORES
E T L L G T E
DISPENSE THOR
```

## 91

```
SEDIMENT FALL
I I E A U D E
DRAMA GONDOLA
E G S   D P P
 FRAUDULENTLY
D A R N R   E
ELM EPICS BAA
S M T T A R
PERSEVERANCE
I O N   F K C
SANCTUM FROTH
E D S A E U A
DOOM PREDATOR
```

## 92

```
DISTINCT SUMS
E A M O N P P
TULIP AROUSAL
E U R R N E E
RATIONS FUTON
M E V E L   D
ISSUES HAWAII
N   M P M W F
AMUSE IMMENSE
T S N S A I R
IDIOTIC BINGO
O N S E L G U
NAGS ASSESSES
```

## 93

```
 LUXURIANTLY
C N N C A O C
A K CLAIM WHO
TEETH R E   M
C M A U DURUM
HAPPIEST   E
P T N   C P N
H  STALWART
ROMAN U A C A
A A E X TAINT
SKY SWEPT F O
E O T D E I R
 ARISTOCRACY
```

## 94

```
COWL PREPARES
O E F E E E H
NEEDING RETRO
T D E A S S R
ROYAL REPAINT
I   D D I N T
BELUGA ICEAGE
U E L P A   M
TEENAGE CRAMP
I W S B I L E
OPALS BATTLER
N R E L Y O E
SIDESTEP AWED
```

## 95

```
UNROLLED OHMS
N A E A B E A
SWING SWOLLEN
Y S I I O L C
MOISTEN GHOST
P N I G I   I
ASSUME BECALM
T A E W U O
HABIT SHORTEN
E E E C O   I
TRAILER GECKO
I K Y O I U U
CASE SWEEPERS
```

## 96

```
 CACOPHONOUS
C U M I O N P
ODD ENDED Q U
N I G D USUAL
STOMA E L I L
U   INHERENT
M B V S T   H
PRUDENCE   E
T I R A FEDUP
INLET N O O L
O D INNER YOU
N U G O U E G
 APPOINTMENT
```

**97**

```
W H I S P E R S . P A I R .
I . N . O . A . S . N . E
G A S E S . T R U D G E S .
S . U . T . . B . S . I
. P R E M E D I T A T E D
O . E . E . O . E . . E
B A R . R A Z O R . S O N
T . I . E . R . O . T
A C C I D E N T A L L Y .
I . U . I . N . D . O
N E P H E W S . E M I T S
E . I . M . E . A . L
D O D O . S C E N A R I O
```

**98**

```
S P A C E S . G . F . A
U . T . C O L L O I D S
B I T . R . I . R . M
U . N . E S T E E M . S P I N
R . N . E . P . W . R
B A D G E . U S H E R E D
. Y . C . E . A
S T A R D O M . C R I E S
. R . A . M S . R . Y
M O S T . P O T A T O . M
J . I . E . N I B
C A N O N L A W . E . O
N . N E . S A N D A L
```

**99**

```
. U N A V O I D A B L E .
D . E . A . N W . O . E
I . M . M A M B A . V E X
S H E E P . O . S . E . P
P . S . I . S . H E D G E
E M I G R A T E . . R
N . S . E . D Y . I
S . . A N T E L O P E
A N D E S . O . S U N .
B . E . H . O . C Y N I C
L A B . R I D G E . G . E
E . A . U . L . N E D
. F R A G M E N T A R Y .
```

**100**

```
. O . T . D . S T A L K S
A U D A C I T Y . . A . T
. T . J . S . L . R U E
C R A M . S U P P L Y . R
. U . A . E . H . N . N
E N C H A N T . T E X A S
. A . T . T . X
D R O L L . G R O U N D S
U . R . L . A . L . I
S . A S K I N G . T O F U
T I C . V . E . A . F
E . L . E N D A N G E R
D E E M E D . Y . T . R
```

**101**

```
A L I G H T . T E T H E R
C . N . E . C . Y . A . O
C A S H I E R . E . L . U
O . I . R . U P S I L O N
S A G E S . M . O . . D
T . N . B . R E N T S
. I . V A L U E . O
A W A R E . I . . S U
. U . S . N . P E E L S
P R A T T L E . A . D . A
A . R . I . S I T T I N G
I . M . N . S . C . V . E
R E S I G N . W H E E L S
```

**102**

```
E F F I C A C Y . R O L E
A . L . O . L . D . R . T
S P A I N . E D I F I C E
T . R . Q . V . S . B . R
. R E M U N E R A T I O N
A . U . I . R . F . . I
I M P O S E . O F F S E T
R . T . D . E . I . Y
C O N V A L E S C E N T
R . O . D . N . T . G . H
A I R P O R T . I N L A Y
F . M . R . A . O . E . M
T O S S . P L A N K T O N
```

317

**103**

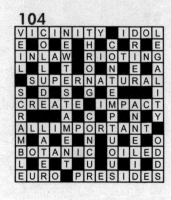

Grid 103:
```
 D E S P O N D E N C Y
PA E   E   N   O T
RIG EMBER   T   R
OE   V   U   OPERA
GORGE L   B R   C
     MAVERICK
RECS     D   ER
SWEETEST
S L A   E DORIC
INSET P E   EO
VI   UNTIL   PAR
EUT   E   TED
 ESSENTIALLY
```

**104**

Grid 104:
```
VICINITY IDOL
VE OE HC RE
INLAW RIOTING
LL T O NEA
 SUPERNATURAL
SD SG E   I
CREATE IMPACT
R   ACPN Y
ALLIMPORTANT
MAE NUE O
BOTANIC OILED
L ET UU ID
EURO PRESIDES
```

**105**

Grid 105:
```
KELVIN BORDER
NO L AGE O
AC L PERUSAL
CLOSEUP E PL
K GR SCORE
SALSA E T R
 A LOCAL I
AU I INCUR
LINEN AO A
BC A BUNCHED
ETHICAL E E I
DE H SI A
ODDSON ASTRAL
```

**106**

Grid 106:
```
CORNEA A C A
R I BUDDHISM
AMP ED IL
N PORTAL LIEN
EL SIDE E
SNEER ENCRYPT
 L RGE
SCHEMER SNIDE
RV PC NA
SOFA REALMS R
W TO L TEN
ANTEROOM E E
S DF SLOPED
```

**107**

Grid 107:
```
URDU OVERSTEP
NE RIEUE E
RUNNERS DETER
ES AII OP
CREEP OBSERVE
O PNTEN
VARIES TRADED
EA AE I I
REMARKS BASIC
AP AC ULU
BRAIN ANTHILL
LRCPEMA
ESTEEMED VEER
```

**108**

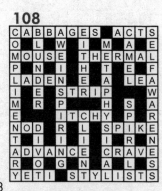

Grid 108:
```
CABBAGES ACTS
OL W IMAE
MOUSE THERMAL
PN IHTEF
LADEN EA LEA
IE STRIP W
ME RP HSA
 EITCHY PR
NOD RL SPIKE
TI IIRN
ADVANCE CRAVE
ROGNAL S
YETI STYLISTS
```

## 109

```
E P I G R A P H   S L E W
B   N   E   O   H   I   O
B A C K S   S N O O K E R
S   I   U   E   M   E   R
  U S E R F R I E N D L Y
C   O   R   S   L   L   I
A G R E E D   S E A S O N
P       C   E   S   O   G
S H O O T I N G S T A R
I   U   I   Z   N   N   U
C U S T O D Y   E I D E R
U   T   N   M   S   S   G
M A S H   G E M S T O N E
```

## 110

```
U P O N   P E N U M B R A
N   P   G   V   N   L   D
A W E S O M E   S T O R M
C   N   L   N   E   W   I
C A S E D   E L A T I O N
O       E   D   S   N   I
U R S I N E   C O R G I S
N   Y   E   P   N       T
T E R N A R Y   A U G U R
A   I   G   T   B   A   A
B R A W L   H A L I B U T
L   N   E   O   E   L   O
E L A P S I N G   G E A R
```

## 111

```
S T A C C A T O   S H A M
A   N   O   U   U   A   A
P S A L M   L I N I N G S
S   G   P   I   A   O   T
  I R R E S P E C T I V E
E   A   T   S   C       R
D O M A I N   B E W A I L
U       T   A   P   C   Y
C O N F I R M A T I O N
A   O   O   O   A   L   O
T H I N N E R   B U Y E R
E   S   S   A   L   T   A
D A Y S   B L U E B E L L
```

## 112

```
S E R E N E L Y   A C E S
U   E   U   A       H   I
R U L E R   Y E L L O W S
E   I   T   E       O   T
    E   U   R I P O S T E
D E F O R M S   O   Y   R
E   E   I       N       L
F   E   N   O U T S T A Y
E N G A G E D   F   U
C   R       I   O   R   C
T R E M O L O   L A B E L
O   T   U   I   O       A
R I S K   A S S O R T E D
```

## 113

```
C H E W   M A N D A T E S
O   S   F   V   I   O   I
U P S U R G E   S E O U L
N   A   U   N   S   L   V
T H Y   I   U   A N K L E
E       T W E E T   I   R
R   O   F       I   T   J
A   C   U N I T S       U
T R A I L   C   F   D A B
T   R   N   O   I   E   I
A F I R E   N E E D F U L
C   N   S   I   D   E   E
K N A P S A C K   F R E E
```

## 114

```
U N B U T T O N   G O B I
N   L   R   V   P   C   N
F A U N A   E A R A C H E
O   N   N   R   I   U   X
R A T E S   L   D   R I P
E   L   M A Y B E       E
S   Y   I       O   Q   R
E     S H E L F   U   I
E N D   S   A   P H A S E
A   I   I   S   L   R   N
B L O W O U T   A T T I C
L   D   N   E   C   E   E
E P E E   A R R E S T E D
```

319

## 115

| P | U | S | H |   | P | R | O | C | L | A | I | M |
|---|---|---|---|---|---|---|---|---|---|---|---|---|
| R |   | P |   | E |   | I |   | A |   | I |   | E |
| E | N | L | I | S | T | S |   | T | A | R | O | T |
| D |   | I |   | T |   | K |   | E |   | D |   | A |
| O | U | T | E | R |   | E | A | R | D | R | U | M |
| M |   | A |   | D |   | P |   | O |   | O |   |   |
| I | O | D | I | N | E |   | S | I | M | P | E | R |
| N |   | R |   | G |   | P |   | L |   |   |   | P |
| A | M | A | T | E | U | R |   | L | A | R | C | H |
| N |   | S |   | M |   | O |   | A |   | I |   | O |
| T | I | T | H | E |   | V | I | R | U | S | E | S |
| L |   | I |   | N |   | E |   | S |   | E |   | I |
| Y | A | C | H | T | I | N | G |   | B | R | A | S |

## 116

| M | A | S | T | I | C |   | E |   | E |   | A |   |
|---|---|---|---|---|---|---|---|---|---|---|---|---|
| I |   | U |   |   | H | O | M | E | M | A | D | E |
| S | I | P |   | O |   | P |   | I |   | V |   |   |
| F |   | P | A | T | I | N | A |   | G | R | I | P |
| I |   | L |   | R |   | T |   | R |   | C |   |   |
| T | I | E | R | S |   | P | H | R | A | S | E | S |
|   |   |   | E | D |   | Y |   | N |   |   |   |   |
| S | C | R | A | P | E | D |   | S | T | A | C | K |
|   | A |   | S |   | R |   | M |   | R |   | N |   |
| H | U | T | S |   | A | Z | A | L | E | A |   | O |
|   | S |   | U |   | N |   | I |   |   | B | E | T |
| M | A | D | R | I | G | A | L |   |   | I |   | T |
|   | L |   | E |   | E |   | S | T | I | C | K | Y |

## 117

|   | U | N | D | E | R | W | R | I | T | E | R |   |
|---|---|---|---|---|---|---|---|---|---|---|---|---|
| I |   | E |   | N |   | I |   | N |   | X |   | C |
| M | O | W |   | D | O | S | E | S |   | P |   | H |
| P |   | E |   | O |   | H |   | I | M | A | G | E |
| A | R | R | O | W |   | E |   | D |   | N |   | E |
| T |   |   | A | S | S | E | S | S | O | R |   |   |
| I |   | D |   | I |   |   | S |   | E |   | L |   |
| E | V | E | N | N | E | S | S |   |   |   | E |   |
| N |   | C |   | S |   | Q |   | Y | U | C | C | A |
| T | R | A | I | T |   | U |   | O |   | O |   | D |
| L |   | G |   | A | D | I | E | U |   | A | W | E |
| Y |   | O |   | T |   | N |   | N |   | S |   | R |
|   | I | N | V | E | S | T | I | G | A | T | E |   |

## 118

| A | P | P | E | N | D | I | X |   | U | S | E | D |
|---|---|---|---|---|---|---|---|---|---|---|---|---|
| S |   | R |   | U |   | N |   | S |   | C |   | I |
| T | H | E | I | R |   | N | O | T | I | O | N | S |
| O |   | V |   | S |   | A |   | R |   | W |   | A |
| N | E | A | T | E | S | T |   | O | X | L | I | P |
| I |   | I |   | R |   | E |   | N |   |   | P |   |
| S | P | L | A | Y | S |   | I | G | N | O | R | E |
| H |   | R |   | N |   | W |   | T |   | A |   |   |
| I | R | I | S | H |   | E | M | I | T | T | E | R |
| N |   | C |   | Y |   | A |   | L |   | O |   | A |
| G | L | I | M | M | E | R |   | L | E | M | O | N |
| L |   | L |   | E |   | E |   | E |   | A |   | C |
| Y | O | Y | O |   | C | R | E | D | E | N | C | E |

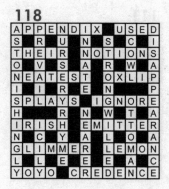

## 119

| J | E | R | O | B | O | A | M |   | W | H | Y | S |
|---|---|---|---|---|---|---|---|---|---|---|---|---|
| U |   | E |   | I |   | U |   | C |   | A |   | T |
| S | A | L | V | O |   | R | O | O | M | I | E | R |
| T |   | I |   | G |   | O |   | U |   | T |   | U |
|   | H | E | A | R | T | R | E | N | D | I | N | G |
| I |   | V |   | A |   | A |   | T |   |   | G |   |
| C | R | E | E | P | Y |   | G | E | R | B | I | L |
| E |   |   | H |   | F |   | R |   | L |   | E |   |
| C | A | L | L | I | G | R | A | P | H | E | R |   |
| R |   | A |   | C |   | O |   | O |   | N |   | D |
| E | N | T | R | A | N | T |   | I | N | D | I | A |
| A |   | I |   | L |   | H |   | N |   | E |   | T |
| M | A | N | Y |   | H | Y | S | T | E | R | I | A |

## 120

| R | O | L | E | P | L | A | Y |   | Z | E | B | U |
|---|---|---|---|---|---|---|---|---|---|---|---|---|
| E |   | I |   | A |   | B |   | I |   | R |   | N |
| M | I | N | O | R |   | I | G | N | O | R | E | D |
| O |   | T |   | O |   | D |   | T |   | O |   | I |
| T | R | E | A | C | L | E |   | E | A | R | L | S |
| E |   | L |   | H |   | D |   | L |   |   | C |   |
| C | O | S | M | I | C |   | A | L | K | A | L | I |
| O |   |   | A |   | P |   | I |   | N |   | P |   |
| N | A | V | A | L |   | L | O | G | I | C | A | L |
| T |   | I |   | I |   | E |   | I |   | H |   | I |
| R | E | V | I | S | E | D |   | B | L | O | W | N |
| O |   | I |   | M |   | G |   | L |   | R |   | E |
| L | I | D | S |   | R | E | L | E | A | S | E | D |

320

## 121

```
T H E F T   S T R E A M S
R   V   O   U       D   O
A   E   U   B   S I F T S
V E N E R A T E   B   O
E   I   N   L   B L U R B
R E N D E R E D   E   I
S   G   Y       C   S   O
E     W   C H U R C H E S
D A T E S   E   E   R   P
  N   A   S A N D W I C H
A G I L E   V   I   V   E
  R     T   E   T   E   R
T Y P H O O N   S O L V E
```

## 122

```
T E N A C I T Y   W H I P
A   O   O   R   T   Y   E
C H A S M   A   E L A N D
K   H   M   D   M   C   A
      R E D E M P T I O N
C   D   N   R   E   N   T
H A I R D O   C R A T E R
U   L   A   S   A   H   Y
C R E A T I V I T Y
K   M   I   E   U   I   S
L I M B O   L   R E N E W
E   A   N   T   E   T   A
D U S K   T E A S P O O N
```

## 123

```
B E A C H   C O L L E C T
L   D   A   A   I   A
A   O   R   R   S T O K E
M E R I D I A N   M   E
E   I   H   F   B U R S T
L I N E A G E S   S   O
E   G   T   U   L   P
S     A   S T A P L E R S
S N I C K   R   G   A   E
  E   C   T E R R I F I C
F R I E D   A   A   R
  V   P   T   D   G   E
M Y S T E R Y   E R E C T
```

## 124

```
E A R W I G   A F R E S H
N   O   M   H   A   X   I
G O P   I N D U C E D
U N T Y I N G   E   H   I
L     E   H   D R A I N
F A C E T   P     N   G
  O   Y A R D S   G
B   N     O   T R E A D
R A C E D   F   A     I
A   E   U   I N T O N E S
C A R A M E L   U   O   M
E   T   P   E   R   T   A
D R O W S Y   R E S E L L
```

## 125

```
  R A T   S L I C E S
T E A R D R O P   R   W
  M   P   A   U   E V E
R A G E   N U R S E D   D
  K   G   C   S     I   E
L E N G T H S   S A T I N
      I   E   S   B
K A Z O O   F U R N I S H
N   I   F   R   E   U
I   P O L L E N   G O N E
G A P     O   A   A   K
H   E     E N M I T I E S
T I D I E S   E   E   N
```

## 126

```
H A G G I S   A   A   G
A   O     U R G E N T L Y
W A S   D   I   A   A
K   S P R A W L   T O N E
E   I   N   E   H   C
D O P E Y   A L L E G E D
    N   E   Y   M
E P I T A X Y   S A F E R
I   H   P   S   I   I
F L E A   L A T E N T   P
  L   L   A   O     T A P
C A M P A I G N   E   E
R   Y   N   E X U D E D
```

**127**

```
R E M E M B E R   T R E K
I   I   U   C   E E   E
F I N A L   C   U N I F Y
T   G   T   L M   G   B
    D I M I N U E N D O
D   M   P D   L   I   A
I D E A L S   M O A N E R
S   A   I   G   N   G D
P E N I C I L L I N
O   T   I   O M   A   A
S T I N T   B   B E B O P
E   M   Y   A U   L   E
D O E S   P L A S T E R S
```

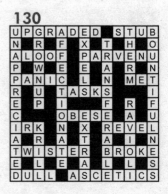

**128**

```
  S A V I N G G R A C E
D   C   N A   A   O   L
E   A   G L U O N   W O E
C O D E R   G   K E   V
O   E   A E   S E R V E
N E M A T O D E
S   Y   E     V   D   H
        A P P O S I T E
R I V E T   U   L   L A
U   O   E F   C H A R D
C O W   S O F I A   T E
T   E   T I   N E   E D
  P L A Y O N W O R D S
```

**129**

```
I N S O M N I A   E T C H
I   L   A   N U   O   A
T R O L L   C E N T R A L
R   W   N   H B   S   F
A N E M O N E   E P O C H
N   S   U   S L   E
S A T U R N   F I E S T A
I   I   P   E E   R
G O W N S   R I V U L E T
E   I   H   A A   L   E
N U N N E R Y   B R O A D
C   C   D   E L   U   L
E W E S   A R D E N T L Y
```

**130**

```
U P G R A D E D   S T U B
N   R   F X   T   H   O
A L O O F   P A R V E N U
P   W   E E   A   R   N
P A N I C   L N   M E T
R   U   T A S K S   I
E   P   I     F   R   F
C   O B E S E   A   U
I R K   N X   R E V E L
A   R   A T   A   I   N
T W I S T E R   B R O K E
E   L   E A   L   L   S
D U L L   A S C E T I C S
```

**131**

```
S T U M B L E S   A S P S
O   N   O S   A   P   T
S H I R T   C A L D E R A
O   T   T O   P   L   R
  K I L L E R W H A L E S
A   N   E T   A   I
L A G O O N   U N C L O G
L   P   S U   E   N
O L D T E S T A M E N T
W   R   N A   E   I   S
I N A N E L Y   R E E V E
N   W   R E   I   N   A
G U L P   E D U C A T O R
```

**132**

```
M I M I C S   S T A T O R
A   U   A C   Y   R   E
G   S   S O P P R E S S
N O T H I N G   E   M   O
U   N   N   S O B E R
M A C H O   O   L   T
  L   S U S H I   E
E E   C   S E D G E
N E A R S   E O   A
D   N   W   N A T I V E S
U P S W E P T   O   E   I
R   E   E I   P   N   E
E U R O P E   R E A D E R
```

322

## 133

```
  C I S _ S H I F T S
P H O N E T I C _ A I
  O _ T _ A A _ B A G
L I N E _ G I N G E R H
  C _ G I T _ I _ T _
H E A R I N G _ P A C K S
    A _ G _ F _ P _
S O I L S _ A L C H E M Y
I _ D _ J _ O _ O _ E
Z _ I N D I C T _ R O T S
Z O O _ F _ S _ I _ R
L _ M _ F L A G S H I P
E A S I L Y _ M _ M _ C
```

## 134

```
S Q U A W K _ D O I N G S
C _ N _ A _ R _ V _ O _ T
R E I S S U E _ E _ R _ R
A _ C _ T _ M A R I M B A
P A Y E E _ E _ U _ _ W
S _ C _ _ M _ S T U D S
  L _ A M B L E _ N
B L E E D _ R _ _ M _ S
U _ _ O _ A _ F R O Z E
S T E E P E N _ U _ V _ D
K _ L _ T _ C O D L I N G
E _ K _ E _ E _ G _ N _ E
R E S I D E _ N E I G H S
```

## 135

```
N A R R A T O R _ A B E T
I _ O _ N _ R _ C _ R _ O
C H U R N _ D I O R A M A
E _ T _ I _ E _ N _ W _ N
  D I S H E A R T E N E D
S _ N _ I _ L _ E _ _ F
P A E L L A _ A M B L E R
L _ A _ O _ P _ O _ O
A L L I T E R A T I O N
T _ E _ I _ I _ I _ K _ X
T R E M O R S _ B L O O M
E _ R _ N _ O _ L _ U _ E
R E S T _ U N B E A T E N
```

## 136

```
  A M E L I O R A T E S
A _ I _ E _ B _ B _ L _ A
F I X _ A L L A Y _ E _ G
G _ E _ C _ I _ S E V E R
H A R S H _ G _ M _ A _ I
A _ _ P E D A N T I C
N _ M _ D _ L _ E _ U
I C E B E R G S _ _ L
S _ D _ A _ E _ C A R E T
T R I E D _ N _ O _ A _ U
A _ C _ S W I L L _ C A R
N _ A _ E _ A _ O _ E _ E
  C L E A N L I N E S S
```

## 137

```
  C P T _ A M U S E S
C H I L L I N G _ U _ E
  O _ E _ N _ L _ N U N
O R C A _ G R O U C H _ T
  E _ S _ L _ W _ A _ R
A S S U R E D _ E N T R Y
  R _ _ S _ P _ U
A I M E D _ P R O M I S E
N _ O _ K _ E _ E _ T
G _ M A N I A C _ R E E L
O N E _ O _ E _ A _ R
R _ N _ S U P P L I E S
A T T A C K _ T _ S _ O
```

## 138

```
  O B S T R U C T I V E
A _ U _ O _ N _ U _ E _ S
C _ S _ P Y L O N _ R U M
C H I M P _ O _ E _ G _ A
O _ E _ L _ A _ S H E L L
M I S D E E D S _ _ L
M _ T _ D _ A _ D _ C
O _ _ D E V I L I S H
D O D O S _ N _ L _ A _ A
A _ I _ T _ S _ M E L O N
T O N _ R E U S E _ E _ G
E _ E _ U _ E _ N _ C _ E
  P R E M E D I T A T E
```

323

## 139

```
C U B I S T . O B T A I N
O . E . E . C . E . G . E
M . E . M . H A L T I N G
B U R R I T O . T . T . A
A . . . N . L . S T A R T
T I B I A . E . . . T . E
. . . A . L A S T S . E .
S . T . T . . . W I D E R
K I T E S . E . I . . . O
A . E . . I . R E F I N E D
T O R O N T O . T . O . E
E . E . C . L . L . U . N
D O D G E S . C Y G N E T
```

## 140

```
D I G S . B A C C A R A T
O . U . U . C . R . O . E
W H A T N O T . A D M I X
N . V . I . U . S . A . T
B R A I N W A S H I N G .
E . . . T . L . L . C . P
A R C H E S . M A K E D O
T . O . R . S . N . . . L
. I N T E R M E D I A R Y
W . S . S . O . I . S . M
A F O O T . C A N A S T A
I . L . E . K . G . A . T
F I E N D I S H . M Y T H
```

## 141

```
S O L A C E . S K E T C H
P . A . A . I . I . E . U
R . I . R . N E W N E S S
A B R A D E S . I . N . T
N . . . I . T . S T A L L
G A M M A . R . . . G . E
. . E . C R U D E . E . .
S . M . . . M . C A R E D
P R O P S . E . S . . . O
R . R . W . N O T I C E S
E V I D E N T . A . U . A
A . A . E . S . S . B . G
D E L E T E . G Y R A T E
```

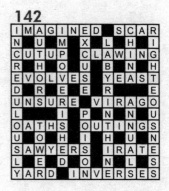

## 142

```
I M A G I N E D . S C A R
N . U . M . X . L . H . I
C U T U P . C L A W I N G
R . H . O . U . B . N . H
E V O L V E S . Y E A S T
D . R . E . E . R . . . E
U N S U R E . V I R A G O
L . I . P . N . N . . . U
O A T H S . O U T I N G S
U . O . H . I . H . U . N
S A W Y E R S . I R A T E
L . E . D . O . N . L . S
Y A R D . I N V E R S E S
```

## 143

```
C L A S S Y . S P A W N S
L . F . P . C . E . I . P
I N F E R N O . R . N . E
N . L . I . R E F U G E E
C L U N G . R . U . . . C
H . E . O . M U N C H . H
. . N . B I B L E . O . .
P E T A L . O . . . W . L
E . I . R . . . K O A L A
A M M O N I A . N . D . W
K . O . K . T H E R A P Y
E . O . E . E . E . Y . E
D E R I D E . C L O S E R
```

## 144

```
R E D E S I G N . L A M B
O . O . T . A . A . I . A
S E W E R . M . B E R Y L
Y . N . A . B . S . L . L
. . . S W E L T E R I N G
I . L . B . E . N . N . A
L O U D E R . S T R E A M
L . K . R . T . M . S . E
F L E U R D E L I S . . .
A . W . I . M . N . F . B
T R A C E . P . D O U S E
E . R . S . L . E . M . A
D O M E . H E A D G E A R
```

## 145

```
C O A L E S C E   A S K S
O   N   X   I   C   T   H
N I G H T   C H I M E R A
C   R   I   A   R   E   M
A L I G N E D   C A D R E
T   E   G   A   U       L
E A R F U L   I M P E D E
N   I   O   S   P     S
A M A S S   U R C H I N S
T   S   H   T   R   C   N
I N K W E L L   I N U R E
O   E   R   A   B   R   S
N E W S   T W E E Z E R S
```

## 146

```
C U R D   O V E R D O N E
O   A   B   E   E   N   N
M A R K E T S   S I G H T
P   E   L   S   E   O   E
A U R A L   E A R L I E R
S     I   L   V   N   T
S T I N G S   Z E U G M A
I   N   E   G   P     I
O B V E R S E   R E S I N
N   O   E   N   I   H   M
A L I E N   E N C L A V E
T   C   C   V   E   R   N
E V E R Y D A Y   S K I T
```

## 147

```
  S   E   M   T R E M O R
A C C U R A T E     E   A
  O   R   G   S     T O R
P O L O   N A T U R E   E
  P   P   A   S     O   F
A S P E C T S   C U R V Y
    A   E   P   N
S C E N E   T A C T F U L
T   A   K   R   I   N
E   T R A N C E   T O W N
P I E     I   N   L   E
U   R     F A T H E R L Y
P S Y C H E   S   D   L
```

## 148

```
O N Y X   A C I D T E S T
P   A   P   O   E   N   I
A C H I E V E   C A G E D
Q   O   R   R   L   U   E
U N O F F I C I A L L Y
E     O   E   R   F   P
L A S E R S   H A S S L E
Y   T   M   S   T     N
  D I S A P P O I N T E D
B   N   N   I   O   O   U
L O G I C   R E N E W A L
I   E   E   A   S   E   U
P A R A S O L S   S L I M
```

## 149

```
R I G H T S   A F L A M E
U   U   R   D   A   G   X
S T I M U L I   N   O   P
T   D   S   F A T I G U E
L E A D S   F   A     R
E   N     E   S M E L T
  C   S O R R Y   T
C H E E K   E     C   S
O   A   N   S W E A T
H A B I T A T   U   T   A
O   E   L U R K E R S   I
R   A   R   Y   F   R   I
T R U I S M   O S C A R S
```

## 150

```
R E L I A N C E   E T N A
E   I   B   O   P   R   U
L E F T S   G A R M E N T
A   T   O   N   O   N   O
T W I R L   A   F   D A M
I   N   U N C L E     A
O   G   T   S   M   T
N     E X A M S   I   I
S O B   N   M   I O N I C
H   E   E   U   O   D   A
I N F U S E S   N A S A L
P   O   S   E   A   E   L
S A G S   I D O L A T R Y
```

## 151

```
U T A H   Q U A D R A N T
N   L   C   N   I   R   E
I N T E R I M   S C R A M
N   A   O   A   T   A   P
H A R P S   S C I E N C E
A     S   K   N   G   R
B I S E C T   S C H E M A
I   A   O   A   T     M
T I S S U E S   N U R S E
A   H   N   S   E   O   N
B U I L T   I N S I G H T
L   M   R   G   S   U   A
E D I F Y I N G   S E A L
```

## 152

```
C U B I S M   M I S H I T
R   A   E   I   D   I   U
A   I   R   M A L I G N S
G A L L I U M   E   H   S
G   A   O   R E B E L
Y O D E L   R   R     E
    I   S E T U P   O
G   S   A   H E W E R
U L T R A   L   O     E
F   A   B   I C E L A N D
F O N D A N T   N   L   H
A   C   T Y   I   S   O
W E E D E D   E X P O R T
```

## 153

```
B A B B L I N G   A V O W
A   R   A   O   U   I   E
S Q U I B   W I N D O W S
S   S   O   C   L   T
    T H O R O U G H F A R E
U   E   A   M   A   R
L I D   T U B E R   F E N
T   O   E   I   E   S
I N T E R P R E T I V E
M   O   I   A   E   S
A R T D E C O   B E R E T
T   E   S   A   L   E   I
E L M S   O F F E N D E R
```

## 154

```
H E A D A C H E   G R A B
O   U   L   E   O   R
L E G A L   L U M B A G O
D   U   I   P   S   A
    S   G   E X C I T E D
W E T L A N D   L   S   W
E   T   E   A
L   S O   A P O L O G Y
L O W E R E D   P   P
R   I   O   A   T   M
E N V E L O P   T R I B E
A   E   T   R   M   T
D I L L   E S C A P A D E
```

## 155

```
D E C A D E   H O T D O G
E   I   I   D   M   R   U
A R T I C L E   I   A   I
R   A   E   M A N A G E D
T A T T Y   O   O     E
H   I   N   U R G E S
O   N O S E S   E
C A N D O   T   N   B
E   T   R   G E E S E
N I R V A N A   E   R   A
S   E   B   T E N D O N S
U   A   L   E   R   U   T
S U M M E D   S E N S E S
```

## 156

```
E N F E E B L E   S T O P
A   L   M   I S   H   R
C R U M B   T R I B U T E
H   E   A   T   M   S
U N P R O F I T A B L E
S   C   R   E   I   N
T R Y   A P I A N   H O T
U   S   G   G   O   S
D R E S S I N G D O W N
I   A   I   U   E   K
O R G A N I C   C O V E N
U   L   G   O K   E   E
S K E W   C O N S E R V E
```

326

## 157

```
L E F T   C A L C U L U S
A   A M B   A   E   E
G I B B O N S   P I S T E
G   L   T O   I   S   S
A M E L I O R A T I O N
R     V   B   U   N   D
D O L L A R   P L A S M A
S   E   T   P   A     Y
  A G R I C U L T U R A L
S   U   O   B   I   E   I
W O M A N   L O O K I N G
I   E   A   I   N   G   H
M I S P L A C E   K N I T
```

## 158

```
S O B R I E T Y   E V E N
O   A   N   U S   I   E
L I C I T   T Y P I S T S
O   K   R   R   T   T
  F L Y O N T H E W A L L
D   O   V   A   A     I
E G G   E M B E D   S I N
C     R   O   E   A   G
O C C A S I O N A L L Y
R   I   I   G   V   P
O U T P O S T   L E A S E
U   E   N   W   E   G   A
S A S H   S O L D I E R S
```

## 159

```
S U F F E R E D   E P I C
U   R   L   N   S   L   R
P I E C E   J I T T E R Y
P   I   C   O   R   A   P
L I G H T L Y   A S S E T
E   H   R   S   I     O
M A T R O N   A G E I N G
E     L   M   H   G   R
N A S T Y   A N T E N N A
T   T   S   R   E   I   P
A M U S I N G   N O T C H
R   N   S   I   E   E   E
Y O G A   I N T R U D E R
```

## 160

```
P I A Z Z A   S O S   S
U   I     B A C K B I T E
F U R   U   A   S   A
F   B R A Z I L   O I N K
E   U   Z   I   L   C
D E S K S   A N G E R E D
    I   R   G   T
B E A N B A G   B E F I T
  R   G   L   F   O   U
A R E S   L E A P E D   R
A   T   I   C     D O G
I N S O L E N T   E   I
  T   N   S   S O A R E D
```

## 161

```
M A J E S T I C   B E A M
E   O   U   N   C   L   A
T R U M P   S O L V I N G
E   R   E   E   O   T   N
O W N E R   C   T   E Y E
R   A   M A T C H     T
O   L   A     E   S   I
L     R E S T S   A   C
O I L   K   M   H U M A N
G   A   E   U   O   O   O
I M P U T E D   R O V E R
S   E   S   G   S   A   T
T O L L   R E S E A R C H
```

## 162

```
  P L A Y W R I G H T S
R   E   I   O   L   O   N
E   A   E B O N Y   A C E
D E V I L   K   P   S   T
O   I   D   I   H I T C H
U N N E E D E D       E
B   G   D     A   A   R
T     D O U B T F U L
A B B E Y   N   Y   F   A
B   O   E     S T A I N
L A W   T O O L S   B   D
E   E   I   F   A   L   S
  C R E S T F A L L E N
```

327

## 163

```
D I P S   S P E C I O U S
E   I   C   R   O   B   O
S O P R A N O   M O L A R
P   I   P   M   P   I   E
A N T H R O P O L O G Y
I   I   T   I   E   S
R E L I C S   A C I D I C
S   A   I   S   A     R
  I N H O S P I T A B L E
D   O   U   H   I   R   A
A T L A S   E G O T I S M
S   I   L   R   N   D   E
H O N E Y B E E   M E N D
```

## 164

```
T R E N C H E S   M A L I
A   N   O   F   T   R   R
P I T O N   T R I G G E R
S   E   D     T   U   I
  I N T E R M I T T E N T
B   T   M   A   L     A
O W E   N A C R E   H A T E
U   A   R   T   I   E
Q U E S T I O N A B L E
U   L   I   T   L   O
E M B R O I L   T U T O R
T   O   N   E   L   O   B
S O W N   A T T E M P T S
```

## 165

```
  D   D R   R E A L L Y
A R T I F I C E     A   E
  O   S   S   L   P E A
S O F T   O S I E R S   R
  L   R   T   C   E   L
A S C E N T S   M U S T Y
  S   O   M   N
B R I S K   D E S I R E D
E   S   C   S   V   R
S   S A S H E S   E A R S
E M U   A   A   R   O
T   E   R E G I S T R Y
S O D I U M   E   E   S
```

## 166

```
B I N A R Y   Q U E N C H
A   E   O   D   N   E   E
S T U M B L E   E X   Y
L Y R E S   M   R   A
T   I   A   T A C K Y
N   B A T C H   O
A W O K E   O   M   D
I   N   L   T A B L E
M O R O C C O   R   I   A
I   U   H   G R I N N E D
N   L   E Y   P   E   E
G R E A S E   P E R S O N
```

## 167

```
I N J U R I E S   P E R U
T   U   E   N   Q   N
E D I F Y   S U B D U E D
M   C   K   I   A   E
    E   J   G A M B L E R
D I S D A I N   A   S   P
U   V   N   I
L   G   I   U N I C O R N
C H E C K U P   F   O
I   R   S   E   Z   C
M A M M O T H   S W I R L
E   A   O   T   N   O
R U N E   S T R O N G L Y
```

## 168

```
  E X P R E S S I O N S
A   Y   E   E   N   U   O
G E L   S L A N G   A   M
G   E   E   R   R U N I N
R E M I T   C   A   C   I
A     S H R I V E L S   S
V   C   M   N   S   C
A R O M A T I C   I
T   O   R   N   R E V U E
I N P U T   F   I   E
N   E   I C I N G   S I C
G   R   N   R   H   T   E
  A S T I G M A T I S M
```

328

## 169

```
  A C P   B U M P E R
U N F A I R L Y   A   A
  S   L O W   R I M
S W A M   C E A S E S   B
  E   N U   Y   E L
A R R E A R S   C A C H E
    S   E M   B
F R I S K   B A R R I E R
O   M   S N U D
R   P R O T E M   P R I M
B O O   O A T   C
I   R   U N D U L A T E
D E T E S T   E Y S
```

## 170

```
P A C I F I S T   A T O M
U   H   M   A   H   A
F L O O R   E F F O R T S
F   R   M   A   T   T
  D I S A G R E E A B L E
C   Z   L   S   R
O V O I D S   S T R O B E
M   D   E   P   R   D
P H I L H A R M O N I C
O   D Y   E   U N E
S O L I D L Y   G L O O M
E   E   E   H   C   U
D A D S   E D I T I O N S
```

## 171

```
A L G A   R E P R I S A L
U   U M   N   O A   I
D E S C A N T   M I M E S
I   T   N A   A U   T
E V O L U T I O N A R Y
N   F   L   T   A G
C A E S A R   S I L I C A
E   T   C A C   R
  P H O T O G R A P H E R
P A U   H   L E   I
L U N A R   A L L E L E S
U   O E   S Y   I O
S O L I D I T Y   O X E N
```

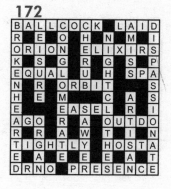

## 172

```
B A L L C O C K   L A I D
R   E   O H   N M   I
O R I O N   E L I X I R S
K   S G   R   G S   P
E Q U A L   U H   S P A
N   R   O R B I T   S
H E M   C A S
E   E A S E L   R   I
A G O R A   O U T D O
R   R A   W T   I N
T I G H T L Y   H O S T A
E   A E   E E   A T
D R N O   P R E S E N C E
```

## 173

```
V I A L S   P R E P L A N
I   R T   A   A N
C R A R   S P E N T
T R A C T O R S   E O
O   I E   O F R A Y S
R E G U L A T E   S   E
I N   Y   C D M
E   S   B E R I B E R I
S P O T S   N T S   B
  O E   A T T A C K E R
C L A P S   E D T E
  A P   R E O V
A R R E S T S   L A P S E
```

## 174

```
  I M P E R S O N A T E
I   A   M E   A   E A
N N   B R E A M   R U G
V I L L A   M   E S   E
O   I S   E S W E L L
L A K E S I D E   E
U   E Y   D C   S
N   S P E E C H E S
T U R F S   I   E E N
A   E W   C P U R G E
R U B   A U N T S   I S
Y   U R   I E   S S
  S T O M A C H A C H E
```

**175**

```
C O C K C R O W ■ L A V A
A ■ O ■ O ■ R ■ C ■ L ■ U
S I R E N ■ E V O K I N G
T ■ R ■ V ■ N ■ B ■ M ■ ■
■ B U S I N E S S L I K E
I ■ P ■ N ■ X ■ U ■ ■ N ■
N U T ■ C R A W L ■ A R T
E ■ ■ I ■ L ■ T ■ M ■ S ■
D E M O N S T R A T E D ■
I ■ O ■ G ■ ■ T ■ R ■ A ■
B O O T L E G ■ I D I O M
L ■ S ■ Y ■ O ■ O ■ C ■ E
E V E R ■ F O U N T A I N
```

**176**

```
■ A T M O S P H E R I C ■
E ■ R ■ P ■ E ■ N ■ N ■ H
S U E ■ I D E A L ■ H ■ O
T ■ K ■ N ■ L ■ I N E R T
A I S L E ■ E ■ V ■ R ■ T
B ■ ■ ■ ■ A D H E S I V E
L ■ A ■ U ■ ■ ■ N ■ T ■ M
I N F I N I T E ■ ■ ■ ■ P
S ■ F ■ U ■ A ■ M A P L E
H A R M S ■ B ■ E ■ L ■ R
E ■ O ■ U N L I T ■ A T E
D ■ N ■ A ■ E ■ E ■ Z ■ D
■ U T I L I T A R I A N ■
```

**177**

```
M A G I C I A N ■ B L U R
I ■ A ■ R ■ L ■ U ■ I ■ E
F O R G O ■ B O N A N Z A
F ■ L ■ S ■ U ■ A ■ G ■ S
■ P A R S I M O N I O U S
D ■ N ■ S ■ S ■ S ■ ■ ■ E
O O D L E S ■ T W I S T S
G ■ ■ ■ C ■ W ■ E ■ E ■ S
F A I N T H E A R T E D ■
I ■ D ■ I ■ A ■ A ■ M ■ E
G A L L O P S ■ B L I N D
H ■ E ■ N ■ E ■ L ■ N ■ E
T U S K ■ A L L E R G E N
```

**178**

```
B A C K F I R E ■ M U L E
E ■ O ■ R ■ O ■ I ■ M ■ V
C E L L O ■ T E N A B L E
K ■ L ■ N ■ ■ C ■ R ■ R ■
■ C O N T E M P O R A R Y
E ■ I ■ I ■ O ■ R ■ ■ ■ O
L E D ■ S U G A R ■ M E N
E ■ ■ P ■ U ■ I ■ A ■ E ■
C A R D I O L O G I S T ■
T ■ O ■ E ■ ■ I ■ C ■ Z ■
R E D U C E D ■ B R A K E
O ■ E ■ E ■ R ■ L ■ R ■ S
N O O N ■ T Y P E C A S T
```

**179**

```
R U B I E S ■ A ■ P ■ S ■
O ■ E ■ ■ M E G A L I T H
B O A ■ O ■ R ■ E ■ E ■ ■
U ■ C U C K O O ■ T H E N
S ■ O ■ E ■ U ■ H ■ R ■ ■
T O N E S ■ E N D O R S E
■ ■ X ■ C ■ D ■ R ■ ■ ■ ■
A S S A I L S ■ R A N T S
■ T ■ L ■ A ■ S ■ O ■ L ■
F R E T ■ R E L O A D ■ E
■ E ■ I ■ E ■ I ■ D O E ■
M A G N E T I C ■ E ■ P ■
■ K ■ G ■ S ■ E R O D E S
```

**180**

```
■ E L A B O R A T E L Y ■
O ■ I ■ E ■ O ■ O ■ I ■ S
B Z ■ L A T E X ■ V E T ■
S M A L L ■ A ■ I ■ E ■ R
E ■ R ■ O ■ R ■ C U R V E
S I D E W A Y S ■ ■ ■ N ■
S ■ S ■ S ■ ■ E ■ I ■ U ■
I ■ ■ ■ F L A M I N G O ■
V O W E D ■ A ■ P ■ H ■ U
E ■ A ■ E ■ D ■ E V I L S
L O T ■ P A L E R ■ B ■ L
Y ■ E ■ T ■ E ■ O ■ I ■ Y
■ O R C H E S T R A T E ■
```

330

## 181

```
I N C L I N E S ■ H A R M
N O ■ M ■ R ■ I U ■ I
D R O O P ■ R E N E G E S
E ■ K ■ E ■ A ■ V ■ E M
S M E A R ■ T ■ E ■ R I A
C ■ R ■ F L A I R ■ ■ ■
R ■ Y ■ E ■ ■ T ■ E A
I ■ ■ C R A Z E ■ M ■ G
B U S ■ T ■ B ■ B L A R E
A ■ M I ■ A ■ R ■ N ■
B A I L O U T ■ A M A Z E
L ■ R ■ N ■ E ■ T ■ T N
Y O K E ■ A D H E R E N T
```

## 182

```
M U S H ■ T O D D L E R S
A ■ E ■ P R E ■ X ■ E
C O N D O N E ■ C O P S E
A ■ S ■ S ■ G ■ O ■ K
Q U E S T I O N M A R K ■
U ■ G ■ N ■ M ■ T ■ T
E F F O R T ■ K I R S C H
S ■ I ■ A ■ M ■ S ■ I
■ I N A D M I S S I B L E
A ■ A ■ U ■ S ■ I ■ V
M A N N A ■ C H O R T L E
I ■ C ■ T ■ U ■ N ■ R
D E E P E N E D ■ P L A Y
```

## 183

```
L A T E S T ■ A B B E Y S
O ■ A ■ O M ■ Y ■ V ■ O
C O N J U R E ■ A ■ I ■ F
A ■ Z ■ R ■ R I N G L E T
L E A P S ■ I ■ D ■ ■ L
E ■ N ■ ■ T ■ B O G E Y
I ■ ■ S M O K Y ■ R ■
P O A C H ■ R ■ O ■ V
I ■ I ■ I ■ C A U S E
C A L Y P S O ■ H ■ N ■ N
K ■ I ■ P ■ U P E N D E D
U ■ A ■ E ■ S ■ A ■ E O
P A R A D E ■ S P I D E R
```

## 184

```
P A L M ■ D A Y D R E A M
E ■ A ■ S ■ C ■ I M ■ I
R E P U L S E ■ S T E M S
I ■ A ■ E ■ T ■ A ■ R C
O O Z E D ■ I M P E A C H
D ■ ■ G ■ C ■ P ■ L ■ I
I N U R E S ■ P E D D L E
C ■ N ■ H ■ S ■ A ■ V
T I M P A N I ■ R O M E O
A ■ A ■ M ■ M ■ I O ■ U
B E S O M ■ I G N I T E S
L ■ K ■ E ■ A ■ G ■ I L
E N S U R I N G ■ I F F Y
```

## 185

```
■ S H E P H E R D I N G ■
C ■ I ■ Q ■ U ■ U ■ C
L A G ■ P O U N D ■ M O
I ■ H ■ E ■ I ■ G L E A M
F U S E S ■ N ■ E ■ R ■ M
H ■ ■ R E N O V A T E
H ■ F ■ S ■ ■ N ■ L ■ M
A G L I T T E R ■ ■ ■ O
N ■ Y ■ E ■ M ■ F E M U R
G R O A N ■ I ■ E ■ O ■ A
E ■ V ■ C A N A L ■ W E T
R ■ E ■ I ■ E ■ O ■ E E
■ P R E L I M I N A R Y ■
```

## 186

```
T E L E V I S E ■ U N I T
O ■ I ■ I ■ T ■ A ■ O R
M I M I C ■ E ■ C U R I A
E ■ E ■ T ■ A K ■ M ■ V
■ ■ C O M M E N T A T E ■
V ■ M ■ R ■ S ■ O ■ L R
E L I X I R ■ D W E L L S
R ■ D ■ O ■ S ■ L ■ Y E
T O N G U E T I E D ■ ■ ■
E ■ I ■ S ■ R ■ D ■ O O
B A G E L ■ O ■ G I V E N
R ■ H ■ Y ■ D ■ E ■ E E
A L T O ■ W E D D I N G S
```

331

## 187

```
B E C O M I N G   O V I D
A   O   I   E   M   I   E
C A N O N   E C U A D O R
K   F   D       L   E   I
  C O M B I N A T I O N S
M   R   O   I       O
O H M   G R O W L   F I R
C       G   K   I   U   Y
C A R E L E S S N E S S
A   E   I       G   S   L
S T A U N C H   U N I T Y
  I   D   G   A   A   L R
N E S T   E M P L O Y E E
```

## 188

```
U N G A I N L Y   A C R E
N   R   N   E   N   L   S
C R O W D   P R E D I C T
O   O   I   T   V   M   A
M E M O S   O   E   B O B
F   E   T E N O R   L
O   D   I       T   C   I
R       N I N T H   A   S
T U B   C   E   E A R T H
A   R   T   U   L   O   M
B O O K L E T   E L U D E
L   O   Y   E   S   S   N
E M M Y   C R E S C E N T
```

## 189

```
A C C I D E N T   E M I T
L   O   I   E   I   O   R
P O U R S   V E R A N D A
H   L   I   A   R   T   N
A D O R N E D   E T H O S
A   M   F   A   S       P
N O B L E S   F I B U L A
D       C   G   S   T   R
O U G H T   E N T I T L E
M   A   A   Y   I   E   N
E X T E N D S   B U R N T
G   E   T   E   L   E   L
A P S E   F R I E N D L Y
```

## 190

```
I L L S   G R U E S O M E
R   U D E   F   C   F
R U C T I O N   F L U F F
E   R   S   O   O   L   E
C H E E P   W A R R I O R
O       L   N   T   S   V
V E R B A L   C L O T H E
E   E   C   S   E       S
R E S P E C T   S O N I C
A   H   M   I   S   U   E
B L A D E   G E L A T I N
L   P   N   M   Y   T   C
E V E N T U A L   B Y T E
```

## 191

```
E N C L O S E D   L I E S
X   H   B   N   C   P
A L I A S   G E N T E E L
M   N   C   I   B   A
    T   U   N A T I O N S
B I Z A R R E   R   X   H
L       I       I       E
O   P   T   S Y M B O L S
C A R R Y O N   E   P
K   O   I   S   E   T
A P P O I N T   T E N C H
G   E   C   E   E   U
E L L S   C H A R A D E S
```

## 192

```
S A G A C I T Y   C R A B
I   R   H   H   I   E   E
G R A C E   R E N T A L S
N   P   E   E   D   C   T
  S H A R P S H O O T E R
A   I   F   H   C   I
V A C U U M   S T A K E D
O   O   L   V   R   I   E
I N C O N V E N I E N T
D   U   E   R   N   D   F
I N S I S T S   A G R E E
N   H   S   U   T   E   U
G U Y S   A S C E N D E D
```

332

## 193

```
U N T O W A R D   I R A N
N   H   H   E   P   A   O
D I R G E   S M I T T E N
E   I   E   U   T   E   A
R I V A L   L   T   D I P
E   E   B A T H E     P
S   D   A     R   O   E
T     R E C A P   P   A
I N N   R   A   A B H O R
M   N   I O N   T   E   A
A R C H W A Y   T A L O N
T   H   S   O   E   I   C
E Y E S   I N C R E A S E
```

## 194

```
C A L F   A D J A C E N T
L   I   C   R   L   P   A
E N L A R G E   P O S E S
M   A   E   D   H   I   K
E X C H A N G E A B L E
N     T   E   B   O   A
C O M M I T   K E N N E L
Y   A   V   K   T   L
  I L L E G I T I M A T E
S   A   N   S   C   I   Y
L A R G E   S P A R R O W
U   I   S   E   L   E   A
R O A D S I D E   I D L Y
```

## 195

```
C I T A D E L S   W H I M
I   R   I   I   A   Y   I
R E A P S   G O D D E S S
C   F   C   H   D   N   C
U P F R O N T   I N A N E
M   I   N   S   T   L
V A C A T E   S I G N A L
E   E   A   O   E   A
N O W I N   P E N G U I N
T   H   T   O   A   T   E
I C E B E R G   L A R G O
O   E   D   E   L   A   U
N U L L   R E C Y C L E S
```

## 196

```
  C O M M E N D A B L E
M   P   I   E   I   A   D
A P   S T A I D   W A R
S T O I C   R   E   N   A
S S   U   E   D U S T S
P R E T E N D S     T
R S   S   S   I   I
O     P L A T O N I C
D O M E D   A   E   M   A
U   I   E W   T R A W L
C A N   B U F F S   T   L
E   E   U   U   O   E   Y
  B R I T T L E N E S S
```

## 197

```
I N F O   E S P R E S S O
N   L   H   T   E   C   V
T R I R E M E   P U R S E
E   N   A   N   E   O   R
R A G E D   C O R P O R A
N   M   H   C   G   M
A R C T I C   S U P E R B
T   H   S   R   S   I
I N E R T I A   S P U R T
O   V   R   N   I   N   I
N O R S E   S C O R P I O
A   O   S   O   N   I   U
L O N E S O M E   I N N S
```

## 198

```
S U B W A Y   R A D I O S
O   E   R   D   C   L   T
O   T   C   I N H A L E R
T E A C H E S   E   U   A
H     A   A   S A S S Y
E N N U I   P   I   S
  O   C O P E S   V
I R   E   C L E A R
G E T U P   A   U   E
L   H   O   R E T I N U E
O V E R S E E   T   E   K
O   R   I   D   L   T   E
S E N A T E   T E A S E D
```

333

## 199

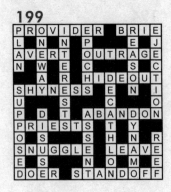

```
P R O V I D E R   B R I E
L N N   P       E J
A V E R T   O U T R A G E
N W   E C   S C
  A R H I D E O U T
S H Y N E S S   E N   I
U   S       C     O
P D T   A B A N D O N
P R I E S T S   T Y Y
O   S     S H N R
S N U G G L E   L E A V E
E S     N   O M E
D O E R   S T A N D O F F
```

## 200

```
M U S I C I A N   O B E Y
E N O   I U R   I
A N I O N   M A N D A T E
T F S     D V L
  O F F T H E R E C O R D
D E   I X   R     I
R I D   T H I N G   A W N
A U   L   A   C   G
W H O L E H E A R T E D
B V N       M T S
A N A R C H Y   E L O P E
C L Y   A N N   A
K I S S   U P S T R E A M
```

## 201

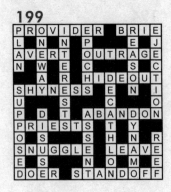

```
F O O L S   D R A C H M A
R C H E   L     I
A C I G   D O W N Y
C U L I N A R Y   V I
T U I E   H E L M S
I N D E N T E D   R   E
O E G   K   S A
N L   D E C I P H E R
S H O O T X   C I C
  E U B A C K L A S H
B R A V E C O T I
O R   T F S N
A D H E R E S   F L U N G
```

## 202

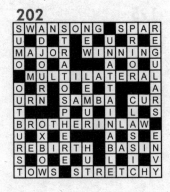

```
S W A N S O N G   S P A R
U D T E   U R E
M A J O R   W I N N I N G
O O A   A O U
  M U L T I L A T E R A L
O R O E T   A
U R N   S A M B A   C U R
T P U I L S
B R O T H E R I N L A W
U X E   A S E
R E B I R T H   B A S I N
S O E U L I V
T O W S   S T R E T C H Y
```

## 203

```
D O M E S T I C   E V E S
I A U N   D O U
S C R U B   C H O W D E R
I I S O U K R
L I T H E M B A G E
U A Q U E L L L P
L L U E U T I
S   E A S E D T I
I V Y N T E X E R T
O I T U A N I
N E E D L E D   L A S S O
E L Y I E I U
D A D O   N O F R I L L S
```

## 204

```
H O S T   A R T I S T I C
Y H S E N W R
P O R T E N T   C H I N O
E U L U O D S
R O B F R   N O D E S
C   L A N E S L C
R A E I E U
I N   S A R I S L
T I D E S A T G U T
I R N F E R U
C H O R E   F U N N I E R
A I S I T P A
L O D E S T A R   D E L L
```

334

## 205

```
A C H Y . E M P H A T I C
R . I . D . O . E . A . E
T O R S I O N . N O M A D
I . E . S . T . C . P . E
S T R A I G H T E N E D .
T . N . S . F . R . G .
R E F U G E . D O W S E R
Y . L . E . G . R . . A
. C O U N T R Y W O M A N
S . U . A . A . A . D
C A N T O . T U R T L E S
U . C . U . E . D . T . O
T R E A S U R E . C A I N
```

## 206

```
. F O R E T H O U G H T .
D . F . M . A . P . A . C
E L F . P U N C H . R . R
I . E . T . D . E N V O Y
F O R A Y . L . A . E . P
I . . . H E A V Y S E T .
C . D . B . . . E . T . I
A M E N A B L E . . . . C
T . F . Y . A . K E N Y A
I D A H O . M . N . A . L
O . C . N O I S E . I L L
N . T . E . N . L . L . Y
. P O R T R A I T I S T .
```

## 207

```
F R A U D S . A B A T E S
A . U . O . I . A . E . U
C U T D O W N . L . A . I
A . O . R . D E L I M I T
D A M E S . U . A . . E .
E . A . S . D I N E S .
. T . R I T E S . I .
B L A M E . R . . N . S
I . . S . I . S H E E T
S H A M P O O . P . T . A
H . B . I . U G L I E S T
O . U . R . S . A . E . U
P I T T E D . H Y E N A S
```

## 208

```
C U R L . A C O U S T I C
O . U . I . A . N . O . O
M U S I N G S . A R S O N
P . T . T . I . T . S . F
L A Y E R . N E T L I K E
E . . A . G . R . N . C
M I N I N G . G A D G E T
E . U . S . A . C . . I
N I P P I N G . T O K Y O
T . T . G . E . I . N . N
A L I V E . O B V I A T E
R . N . L . E . V . . R
Y U L E T I D E . D E F Y
```

## 209

```
B A S H E S . E . H . U
L . U . . P I N P O I N T
O F F . I . T . M . L .
W . F R E E Z E . E R O S
U . I . S . R . S . C
P I X E L . B E S P O K E
. . N . P . D . U .
R I O T E R S . K N A C K
M . I . O . A . M . E
S P I T . C O B W E B . E
. A . L . E . Y . L I P
T I M E L E S S . . E . E
. R . D . D . S E N S O R
```

## 210

```
S C A L D I N G . S C A M
E . B . I . O . S . A . I
L O S E S . R E P A I R S
F . T . C . M . I . R . U
G R A N O L A . C R O W N
O . I . N . L . K . . D
V A N I S H . F A C I L E
E . . O . O . N . K . R
R E N A L . U N D R E S S
N . A . A . T . S . B . T
I N V I T E S . P I A N O
N . E . E . E . A . N . O
G O L D . S T A N D A R D
```

211

212

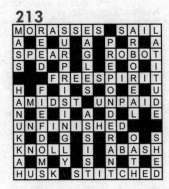

213

214

215

216

## 217

```
E L L I P S I S   H A L F
X   E   E   M   E   L   E
T I T A N   P I A N O L A
R   T   N   A   V   H   T
A C I D S   L   E   A S H
P   N   Y E A R S   D   E
O   G   L   D   D R
      V I P E R   R
A P T   A   U   O V A T E
T   R   N   M   P   G   I
I R I D I U M   P R O N G
O   A   A   E   E   O   H
N I L E   C L A R I N E T
```

## 218

```
M I G H T Y   A C U M E N
I   U   Y   W   O   E   A
R   L   P   A C C L A I M
O   S   E   O   N   I
R U P E E   R   E   A D D O N
    E   T A M E S   R
P   R   E   E A S E S
E A T E R   L   L   I
N   A   I   O V E R A G E
C H I F F O N   C   R   S
I   N   L   S   T   C   T
L E S S E R   A S T H M A
```

## 219

```
P I P S   E S C A R G O T
H   A   T   P   L   R
I N C L I N E   P L A T E
L   E   R   E   R   C   A
A L D E R   P E O N I E S
N   O   S   A   A   U
T Y P I S T   O C U L A R
H   A   T   T   H   E
R E S P R A Y   A W A I T
O   S   A   R   B   R   R
P R I N T   A L L E G R O
I   V   U   N   E   O   V
C R E O S O T E   A N T E
```

## 220

```
B A C K P A C K   R U E D
A   O   A   H   N   I
R E P A Y   A N G L E R S
N   P   M   P   A   P
    E   A   E N M A S S E
P A R A S O L   A   Y   R
O   O   T   L   S
I   U   E   S O L U B L E
G A S T R I C   E   O
N   U   A   A   N   D
A R R I V A L   B A S T E
N   E   E   L   A   C
T I R E   A S T E R I S K
```

## 221

```
T R I M A R A N   S P U R
I   N   S   R   R   A   E
C A D E T   E T E R N A L
K   E   R   C   D   I
    E X T O R T I O N A T E
E   E N   R   N   V
Y E S   O B O E S   T E E
E   M   P   T   S   S
S A C R I L E G I O U S
I   L   C   T   N   S
G R A N A R Y   U N A R M
H   M   L   E   T   M   U
T O P S   S T E E R I N G
```

## 222

```
  C O M P I L A T I O N
P   D   L   A   E   P   R
O L D   U R B A N   U   E
C   L   C   E   S A L E S
K A Y A K   L   I   E   U
E           A S T O U N D S
T   L   U   N   T   C
M E E K N E S S       I
O   A   C   O   D E P O T
N O V E L   L   A   A   A
E   E   E L E C T   P A T
Y   N   A   M   U E   E
  A S T R O N O M E R S
```

337

## 223

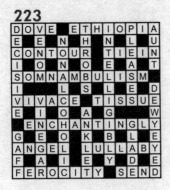

| D | O | V | E |   | E | T | H | I | O | P | I | A |
| E |   | E |   | N |   | H |   | N |   | L |   | U |
| C | O | N | T | O | U | R |   | T | I | E | I | N |
| I |   | O |   | N |   | O |   | E |   | A |   | T |
| S | O | M | N | A | M | B | U | L | I | S | M |   |
| I |   |   | L |   | S |   | L |   | E |   | D |   |
| V | I | V | A | C | E |   | T | I | S | S | U | E |
| E |   | I |   | O |   | A |   | G |   |   | W |   |
|   | E | N | C | H | A | N | T | I | N | G | L | Y |
| G |   | E |   | O |   | K |   | B |   | L |   | E |
| A | N | G | E | L |   | L | U | L | L | A | B | Y |
| F |   | A |   | I |   | E |   | Y |   | D |   | E |
| F | E | R | O | C | I | T | Y |   | S | E | N | D |

## 224

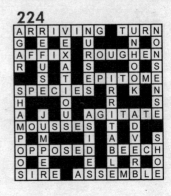

| A | R | R | I | V | I | N | G |   | T | U | R | N |
| G |   | E |   | E |   | U |   | N |   | O |   | O |
| A | F | F | I | X |   | R | O | U | G | H | E | N |
| R |   | U |   | A |   | S |   | O |   | S |   |   |
|   |   | S |   | T |   | E | P | I | T | O | M | E |
| S | P | E | C | I | E | S |   | R |   | K |   | N |
| H |   |   | O |   |   | R |   |   |   | S |   | S |
| A |   | J | U |   | A | G | I | T | A | T | E |   |
| M | O | U | S | S | E | S |   | T |   | D |   |   |
| P |   | M |   | I |   | A |   | V |   | S |   | S |
| O | P | P | O | S | E | D |   | B | E | E | C | H |
| O |   | E |   | E |   | L |   | R |   |   |   | O |
| S | I | R | E |   | A | S | S | E | M | B | L | E |

## 225

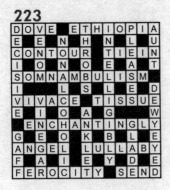

| D | O | F | F |   | P | A | R | A | P | E | T | S |
| O |   | A |   | C |   | P |   | S |   | A |   | A |
| G | O | R | I | L | L | A |   | T | H | R | O | W |
| O |   | E |   | E |   | T |   | R |   | N |   | S |
| O | L | D | F | A | S | H | I | O | N | E | D |   |
| D |   | R |   | Y |   | L |   | S |   | B |   |   |
| E | M | B | O | S | S |   | H | O | S | T | E | L |
| R |   | A |   | I |   | M |   | G |   |   | U |   |
|   | S | I | N | G | L | E | M | I | N | D | E | D |
| S |   | L |   | H |   | N |   | C |   | R |   | G |
| T | W | I | S | T |   | T | R | A | P | E | Z | E |
| A |   | F |   | E |   | A |   | L |   | A |   | O |
| B | E | F | U | D | D | L | E |   | O | M | E | N |

## 226

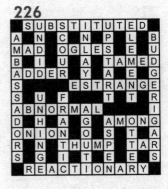

|   | S | U | B | S | T | I | T | U | T | E | D |   |
| A |   | N |   | C |   | N |   | P |   | L |   | B |
| M | A | D |   | O | G | L | E | S |   | E |   | U |
| B |   | I |   | U |   | A |   | T | A | M | E | D |
| A | D | D | E | R |   | Y |   | A |   | E |   | G |
| S |   |   |   |   | E | S | T | R | A | N | G | E |
| S |   | U |   | F |   |   |   | T |   | T |   | R |
| A | B | N | O | R | M | A | L |   |   | I |   |   |
| D |   | H |   | A |   | G |   | A | M | O | N | G |
| O | N | I | O | N |   | O |   | S |   | T |   | A |
| R |   | N |   | T | H | U | M | P |   | T | A | R |
| S |   | G |   | I |   | T |   | E |   | E |   | S |
|   | R | E | A | C | T | I | O | N | A | R | Y |   |

## 227

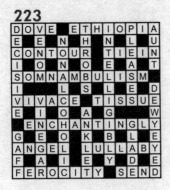

| L | O | D | E |   | S | H | O | U | L | D | E | R |
| I |   | U |   | C |   | E |   | N |   | I |   | E |
| F | R | O | T | H | E | D |   | A | N | G | L | E |
| E |   | M |   | R |   | G |   | S |   | I |   | K |
| B | I | O | D | I | V | E | R | S | I | T | Y |   |
| O |   |   |   | S |   | S |   | U |   | A |   | S |
| A | D | U | L | T | S |   | A | M | U | L | E | T |
| T |   | N |   | M |   | E |   | I |   |   |   | R |
|   | D | I | S | A | D | V | A | N | T | A | G | E |
| C |   | F |   | S |   | A |   | G |   | F |   | S |
| A | M | I | D | E |   | D | I | L | A | T | E | S |
| P |   | E |   | V |   | E |   | Y |   | E |   | E |
| S | U | S | P | E | N | S | E |   | T | R | O | D |

## 228

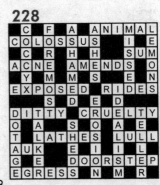

|   | C |   | F |   | A |   | A | N | I | M | A | L |
| C | O | L | O | S | S | U | S |   | I |   | E |   |
|   | C |   | R |   | H |   | H |   | S | U | M |   |
| A | C | N | E |   | A | M | E | N | D | S |   | O |
|   | Y |   | M |   | M |   | S |   | E |   | N |   |
| E | X | P | O | S | E | D |   | R | I | D | E | S |
|   |   |   | S |   | D |   | E |   | D |   |   |   |
| D | I | T | T | Y |   | C | R | U | E | L | T | Y |
| O |   | A |   | S |   | O |   | A |   | E |   |   |
| T |   | L | A | T | H | E | S |   | L | U | L | L |
| A | U | K |   | E |   | I |   | I |   | L |   |   |
| G |   | E |   | D | O | O | R | S | T | E | P |   |
| E | G | R | E | S | S |   | N |   | M |   | R |   |

## 229

```
S I L T   J A M B O R E E
E   A   F   S   A   O   X
L O T I O N S   C O B R A
F   T   R   E   T   B   G
C R E P T   S E E K I N G
O       U   S   R   N   E
N U N C I O   L I N G E R
S   E   T   A   O       A
C O W B O Y S   L I G H T
I   Y   U   T   O   R   E
O V E N S   E N G L A N D
U   A   L   R   Y   I   L
S P R A Y I N G   O N L Y
```

## 230

```
C L E A R E S T   C H I C
I   N   E   P   A   Y   H
R U R A L   R O U N D E R
C   A   E   A   T   R   Y
U R G E N C Y   H E A R S
M   E   T   S   E       A
F I D D L E   U N I S O N
E       E   C   T   T   T
R O O F S   A Z I M U T H
E   A   S   N   C   D   E
N E S T L E D   A X I O M
C   I   Y   I   T   E   U
E A S E   A D D E N D U M
```

## 231

```
H A C K   C O T T A G E S
A   A   S   D   O   L   A
R E B O U N D   T R I C K
D   I   R   I   A   S   E
C O N G R A T U L A T E
O   O   Y   I   E   C
P O S S U M   A T O N A L
Y   P   N   S   A       U
  H E A D Q U A R T E R S
T   C   I   M   I   D   T
A L I G N   M E A S U R E
X   A   G   E   N   C   R
I L L U S O R Y   L E T S
```

## 232

```
  D I S G R A C E F U L
T   N   R   T   R   N   S
R O D   A S T I R   B   T
A   E   N   A   A R O M A
M I X E D   I   T   U   R
P       A N C I E N T S
O S K       C   D   T
L A T T E R L Y       U
I   O   Y   E   M I M E D
N E I G H   N   I   E   D
E   C   O P T I C   L I E
S   A   L   I   R   E   D
  B L U E B L O O D E D
```

## 233

```
  P A R T I C I P A T E
D   M   A   O   E   A   U
E   E   L O V E R   K I N
M I N C E   E   C   E   D
O   D   N   R   H I N G E
G R E A T E S T       R
R   D   S       S P   S
A       H I S T O R I C
P I T C H   N   U   O
H   R   E   S   D I V E R
I C Y   A C U T E   I   E
C   S   V   L   N   S   S
  A T T E S T A T I O N
```

## 234

```
M A S S E S   A   W   T
U   A     P I Z Z E R I A
G Y M   A   A   L   T
E   P L U R A L   L A T H
E   L   S   E   T   E
D E E M S   M A S O N R Y
    A   F   S   D
I C E C O L D   P O L E S
R   A   E   S   E   C
W E A R   E T H I C S   O
A   O   C   O     S A W
S K I N D E E P   O   L
Y   I   S   S T I N T S
```

## 235

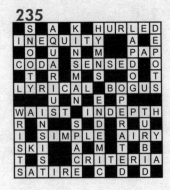

```
. S A K . H U R L E D .
I N E Q U I T Y . . A . E
. O . U . N . M . P A P .
C O D A . S E N S E D . O
. T . R . M . S . . O . T
L Y R I C A L . B O G U S
. . . . . U . N . E . . P
W A I S T . I N D E P T H
R . N . S . D . R . U
I . S I M P L E . A I R Y
S K I . A . M . T . B
T . S . . C R I T E R I A
S A T I R E . C . D . D
```

## 236

```
S W E R V E . A F R A I D
I . L . I . D . A . N . E
N . S . R . I N C E N S E
F I E S T A S . E . O . P
U . . U . O . S A U C E .
L I B R A . B . N . N . N
. . R . L E E K S . C .
S . A . D . . P R E E N
T U N I C . I . R . . E
A . D . A . E V A S I V E
G R I F F I N . W . S . D
E . S . E . T . L . L . E
S C H I S M . A S C E N D
```

## 237

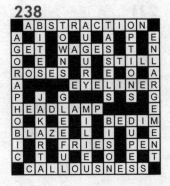

```
R I P E . S U P E R M A N
I . L . D . N . F . I . O
C R A N I A L . F I X E D
O . I . S . I . E . T . E
C A N T A N K E R O U S .
H . . G . E . V . R . S
E X H O R T . R E P E A T
T . O . E . S . S . . U
. D O M E S T I C A T E D
S . K . M . O . E . H . E
W R I T E . D U N G E O N
A . N . N . G . T . R . T
T O G E T H E R . B E E S
```

## 238

```
. A B S T R A C T I O N .
A . I . O . U . A . P . E
G E T . W A G E S . T . N
O . E . N . U . S T I L L
R O S E S . R . E . O . A
A . . . E Y E L I N E R
P . J . G . . S . S . G
H E A D L A M P . . . E
O . K . E . I . B E D I M
B L A Z E . L . I . U . E
I . R . F R I E S . P E N
C . T . U . E . O . E . T
. C A L L O U S N E S S .
```

## 239

```
I N D E C E N T . S A R I
N . R . O . U . B . P . N
F R O W N . C A U S T I C
I . P . S . L . R . L . O
N O O S E . E . G . Y E N
I . F . Q U I L L . S .
T . F . U . . A . H . I
E . . E N T E R . Y . D
S I R . N . A . A L G A E
I . I . T . L . L . I . R
M O S E L L E . A R E N A
A . E . Y . N . R . N . T
L O S T . S T A M P E D E
```

## 240

```
C A N T A T A S . E D I T
I . A . N . C . U . I . I
T E N E T . G R A B B E D
Y . N . E . E . N . A . I
. M I S D I R E C T I O N
S . E . I . S . E . . E
C A S T L E . A L I B I S
R . U . A . L . A . . S
I N D I V I D U A L L Y
B . I . I . A . T . E . P
B I G B A N G . I N F E R
L . I . N . I . O . U . A
E A T S . D O W N P L A Y
```

**241**

```
SALADS   PHOBIA
H O I O A R R
E I T CONTORT
KINETIC G C I
E I U SOCKS S
LADLE R   O T
  E SURLY L
C T   E THINS
ROARS N T   E
E C K CERAMIC
ATHLETE I E U
S E I S U N R
ENDING   IMPUTE
```

**242**

```
BUCKLE   FRIGHT
O Y A I E O A
TANTRUM P L B
T I K PLAYFUL
LACES E S   E
E I   R TUSKS
  S LAMBS N
JUMBO E   O P
U   C A DOWEL
DISTURB E B E
G O S LAMBADA
E A T E O L T
DEPOSE   ANGLES
```

**243**

```
MIME   PITCHERS
A A C N H R U
LUNCHES EQUIP
I T I I E D E
CHAIR DOSSIER
I O E E T F
OCCUPY ABSEIL
U O R S U U
SERVANT RATIO
N S C A G I U
EDICT NEEDLES
S C O Z R D L
STAIRWAY LEVY
```

**244**

```
ITSELF   E C S
N I I REPARTEE
GEM I I U N
O MILLET SUDS
T E L A A E
SCRAP SPIDERS
  C C H E
CONCEAL CRASH
L U S K D A
PIER TUNDRA R
V A O E POD
MERCIFUL T E
S Y F LOOSEN
```

**245**

```
COLLAR   AFFIRM
H I P F E N I
O E P UNWINDS
INDRAWN E O E
R R D RACER
SURGE A   E Y
  E LAMPS N
I G   E MITES
STAND N I T
R R A TITULAR
ADDENDA I O I
E E C L N P P
LODGES   OGRESS
```

**246**

```
OOZE   SPIRITED
B E D L H R U
SUBSIDE OMITS
C R S A D D T
UNACCUSTOMED
R O E D N I
ERRING NEATEN
D U N A N T
INTERMEDIATE
S D C O R L R
TROUT EMOTION
E W E B N K E
TONEDEAF FEND
```

## 247

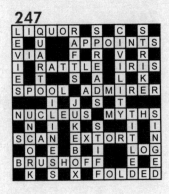

## 248

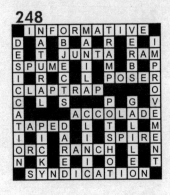

## 249

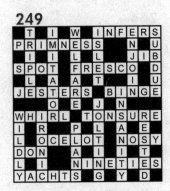

## 250

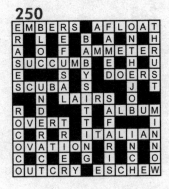

## 251

## 252

## 253

```
B A B I E S   S A C H E T
R   O   N   C   P   E   A
O   A   E   O R A C L E S
O P T I M U M   R   S   K
M       I   P   T R I T E
S U E D E   U       N   D
    L   S I T E S   K
D   I   A   W E I R D
R I G I D   T   A       E
O   I   R   I N G R E S S
V I B R A T O   G   R   P
E   L   K   N   E   N   O
S C E N E S   A R G E N T
```

## 254

```
A B R U P T   N   T   T
C   U     S H E P H E R D
H O B   A   G   E   O
I   B A R R E L   O O P S
N   L   S   E   L   H
G L E N S   A C R O N Y M
      E   P   T   G
O U T W O R K   M Y R R H
S   S   O   G   U   O
W E I R   B E L I E F   O
F   E   L   O     F A R
T U N E L E S S   L   A
L   L   M   S A F E T Y
```

## 255

```
  D E S T R U C T I V E
R   M   E   N   R   E   S
E T A   M O C H A   T   U
A   I   P   L   N E E D S
P I L O T   E   S   R   C
P       E S T I M A T E
R   O   G       T   N   P
A I R T I G H T       T
I   E   N   E   C O R G I
S A G A S   N   L   E   B
A   A   E E R I E   A I L
L   N   N   Y   A   R   E
  F O R G I V E N E S S
```

## 256

```
D R E A D F U L   I M P S
E   M   I   N   O   O   T
M O P E S   I N V E R S E
O   O   R   T   E   A   A
N O W H E R E   R U L E D
S   E   P   D   C   F
T O R Q U E   L A M B D A
R   T   S   U   A   S
A O R T A   E X T I N C T
T   A   B   V   I   A   N
I N V O L V E   O U N C E
O   E   E   R   U   A   S
N I N E   P E R S I S T S
```

## 257

```
C R U S H I N G   L I M O
A   P   I   O       T   V
K E B A B   V U L G A T E
E   E   E   I   L   R
    A   R   C H A R I O T
I N T E N S E   M   C   U
N   A   B       U   R
V   O   T   S T U B B L E
O F F B E A T   L   I
L   F   A   A   K   T
V O I C I N G   N A I V E
E   C   E   C   N   E
D U E S   A D H E S I O N
```

## 258

```
D I G E S T   U P R O A R
E   L   H   D   H   B   I
C H A R A D E   Y   O   N
O   U   D   L I S T E N S
D E C O Y   E   I       E
E   O   T   C E D E D
    M   F R E E S   E
F L A I L   R   P   B
O   I   I   D E R B Y
S I R O C C O   E   I   P
T   I   K   U N C I V I L
E   M   E   S   O   E   A
R O S A R Y   F R O S T Y
```

## 259

```
  S U B S T A N T I V E
O N L V U I I
B U D   E V E N S   T M
S U P R   S P A S M E
T R E A T S L L E
R       R E V E A L E D
U A G     S Y I
C O R D U R O Y     A
T S N P   O N S E T
I T E M S P C W E
O N   H A U N T   E E L
N I I G E A Y
  A C U P U N C T U R E
```

## 260

```
  E D L   I N F U S E
E X C I T I N G   S N
  U L G L   U S A
P L E A   H O O T E R C
  T T T O   P T
A S P I R E S   L I S P S
  O N T N
F E R N S   R U F F I A N
I O S R O D
N   C A T I O N   R U D E
A R K   T I M L
L E   A P P E A L E D
E S T H E R   S L S
```

## 261

```
T I P O F F   G A F
W U   E C L I P S E S
A L L   A I E E
N P A U S E D   R O B E
G I   T E T L
S I T U P   T R O U P E S
  N B S R
O F F L O A D   H E A R D
  O O T C   I A
T U B A   T I L L E R I
  R D L O   B U N
S T E E P E S T   A T
  H D S   H U N G R Y
```

## 262

```
  S V C   F I A S C O
O M N I V O R E   A D
  O T L A   L E E
I O T A   O T T A W A S
  T L N S M S
C H O I C E S   I B I Z A
    T L R A
S A T Y R   R E P L I E D
H R M V L X
A   I N D U C E   O N C E
R E V   T N O E
E I   E D G I N E S S
D R A P E D E S S
```

## 263

```
S C U L P T O R   S O D A
A G O R   U N A
G N A R L   A T L A N T A
E N L L   C L
  D U   L A R G E L Y
E X A C T L Y E S S
P I P E
I A N   A T L A S E S
D A M A G E D I P
E P J C I F
M A E S T R O   A P R I L
I R I T I E
C R E W   I N J E C T E D
```

## 264

```
  S A O   T O R P O R
W H E N E V E R   A E
  R E E I   S A P
Z I N C   R U L E R S A
  M D J L   E I
A P R O P O S   W A D E D
    T Y A D
P I P E D   A L M A N A C
O E W L P P
P   S C R I P T   T I P S
P E T N I I L
E E   D E M A N D E D
D U R E S S E G S
```

## 265

```
 D R A G O N F L I E S
S E   O   O   O   S   I
T H E   D O U B T   C   N
A   L   L   G   T O A D S
G U S T Y   A   E   P   I
          S T U R G E O N
F   A   F   Y   S   U   A
R U M B L I N G
I   I   A   A   M I G H T
G R A N T   T   O   A   I
H   B   T H I R D   Z E N
T   L E   O   E   E   G
  M E A N I N G L E S S
```

## 266

```
I N F E S T   U N U S E D
N   A   W   C   I   N   E
V   N   A   O N E R O U S
A L S O R A N   C   W   E
D   M   C   E L D E R
E R A S E   A   R   T
    N   D I T C H   O
W   I   E   E X P E L
A D M I T   N   P   O
S   A   H   A D A P T E D
H O T T E S T   T   G
E   E M E   I   O   E
D O D D E R   S C A L A R
```

## 267

```
D O G S   P R O P O S A L
I   R   P   E   R   T   U
S N E E R E D   E V E N T
Q   B   O   U   D   L   E
U N E X P E C T E D L Y
I   O   E   T   A   W
E N C O R E   H E A R T H
T U T E R   R   I
  A C H I E V E M E N T S
S   K O   I I   O K
C L O W N   C E N S U R E
A   O   A   T   E   N   R
B A S E L E S S   U S E S
```

## 268

```
  D O U B L E C R O S S
D   B   A   M   A   E   P
I   L   B E I N G   P E R
S H O W Y   G   E   A   E
T   N   I   R   S O L I D
I N G E S T E D   E
N   S   H   T   P   C
C   U N D E R L I E
T A C O S   O   M   A   S
I   O   T   T   P E C K S
V I M   A S I D E   E   O
E   I   T   C   R   B   R
  A C C E L E R A T O R
```

## 269

```
B R E A T H   S W E A R S
E   N   E   S   E   R   A
C O V E R U P   A   E   F
A   I   M   R E L E A S E
M A S K S   I   T   L
E   I   O   N   H E F T Y
O   S A G G Y   A
C A N N Y   F   N   M
U   N   I   B U D G E
P R O T E G E   U   A   A
O   V   R   L I G A N D S
L   A   G   D   L   G   L
A L L E Y S   F E L O N Y
```

## 270

```
  I N H A B I T A N C Y
D U D C E   A   O
E D   D O I N G   N I P
L A G E R   C   I   O E
I   I E L   S T E R N
V A N I S H E D   A
E   G S   D   A N
R   D I V O R C E D
A P H I D   N U E S
N O D   B I R T H
C A B   D R I L L   B U
E B G A E   I   T
  C Y B E R N E T I C S
```

345

## 271

```
F O N D N E S S ■ J A V A
O ■ E ■ A ■ H ■ O ■ V ■ S
R E A L M ■ O B V I O U S
E ■ R ■ E ■ D ■ E ■ I ■ E
K N E A D E D ■ R A D A R
N ■ S ■ R ■ Y ■ E ■ ■ T
O P T I O N ■ A S S I S I
W ■ ■ P ■ B ■ T ■ M ■ V
L E T U P ■ A S I N I N E
E ■ U ■ I ■ R ■ M ■ T ■ N
D E C E N C Y ■ A W A K E
G ■ K ■ G ■ O ■ T ■ T ■ S
E A S Y ■ I N T E G E R S
```

## 272

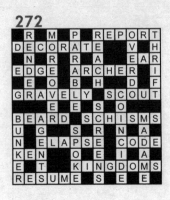

```
■ R ■ M ■ P ■ R E P O R T
D E C O R A T E ■ V ■ H
■ N ■ R ■ R ■ A ■ E A R
E D G E ■ A R C H E R ■ I
■ E ■ O ■ B ■ H ■ D ■ F
G R A V E L Y ■ S C O U T
■ ■ E ■ E ■ S ■ O ■ ■
B E A R D ■ S C H I S M S
U ■ G ■ S ■ R ■ N ■ A
N ■ E L A P S E ■ C O D E
K E N ■ O ■ E ■ I ■ A
E ■ T ■ K I N G D O M S
R E S U M E ■ S ■ E ■ E
```

## 273

```
E N S U R E ■ C A U S E S
X ■ T ■ A ■ R ■ M ■ E ■ L
H E R O I N E ■ P E ■ U
A ■ A ■ N ■ V O L U M E S
L I N K S ■ E ■ I ■ ■ H
E ■ G ■ ■ R ■ F A N C Y
■ E ■ T A B B Y ■ E ■ M
P O R C H ■ E ■ ■ E ■ M
A ■ I ■ R ■ W E D G E
P A N A C E A ■ H ■ L ■ R
A ■ O ■ K ■ T E A R I N G
Y ■ U ■ E ■ E ■ L ■ N ■ E
A S S U R E ■ B E G G A R
```

## 274

```
■ C A T E R P I L L A R ■
E ■ S ■ N ■ I ■ I ■ B ■ A
F ■ K ■ V E G A N ■ A S P
F L A K Y ■ L ■ E ■ S ■ P
E ■ N ■ I ■ E ■ S H E E R
C O C O N U T S ■ ■ ■ O
T ■ E ■ G ■ ■ H ■ P ■ X
I ■ ■ K A L A H A R I ■ I
V A P I D ■ B ■ T ■ P ■ M
E ■ I ■ O ■ L ■ C I R C A
L A X ■ W R A T H ■ I ■ T
Y ■ I ■ S ■ Z ■ E ■ K ■ E
■ D E F E R E N T I A L ■
```

## 275

```
C A B O O D L E ■ T O I L
I ■ L ■ V ■ A ■ S ■ S ■ I
R O U S E ■ P A U S I N G
C ■ S ■ R ■ P ■ B ■ E ■ H
U N T I E ■ E C ■ R U T
M ■ E ■ M O T T O ■ ■ F
S ■ R ■ P ■ ■ N ■ S ■ I
P ■ ■ H E A D S ■ L ■ N
E A T ■ A ■ T ■ C L I N G
C ■ H ■ S ■ T ■ I ■ T ■ E
T E R M I N I ■ O T H E R
L ■ E ■ S ■ R ■ U ■ E ■ E
Y A W N ■ M E A S U R E D
```

## 276

```
■ S U P E R L A T I V E ■
D ■ L ■ A ■ O ■ U ■ A ■ S
E ■ Y ■ S T U F F ■ G U Y
V I S I T ■ N ■ T ■ U ■ M
A ■ S ■ E ■ G ■ S L E E P
S H E R R I E S ■ ■ ■ A
T ■ S ■ N ■ ■ T ■ T ■ T
A ■ ■ A P P R O A C H ■ E
T I L E S ■ R ■ A ■ M ■ E
I ■ I ■ A ■ E ■ C H A R T
N A B ■ V A L E T ■ R ■ I
G ■ E ■ E ■ I ■ O ■ I ■ C
■ U L T R A M A R I N E ■
```

346

## 277

```
D I S A R M   F O R M A T
A   P   O L D   E   H
N A I R O B I   D S U
U   T   K   G I N G H A M
B L E S S   H   E     B
E   F     T   S K I M S
    U   G I F T S   N
B I L G E   O     C S
Y     N   O   S E I Z E
P R O T E C T   P S X
A   H   S   E G O T I S T
S   I   D   R   O   E
S P O U S E   P E A N U T
```

## 278

```
  P R I C K L Y P E A R
E   E   A   A O C   R
X S   S T U M P   R O E
T H I N K   R   U   I P
R   S   E   E   P E D A L
A S T U T E L Y       A
P   S   S   D   C   C
O   L O G O S   E   R M
L O G O S   E   E R   M
A   A   A L   S L I D E
T O P   L U M P S   B N
E   E V E   E   O   T
  A D V E N T U R O U S
```

## 279

```
B A D G E S   G   T   B
O   A     M A N D A R I N
W I N     I   A   N   T
I   C E L L A R   G A T E
N   E     E   L   I   E
G O R E D   M E M B E R S
    X   P   D   L
P A T C H E S   S E V E N
  B   E   T   B   U   I
W O K E   U N R O L L   M
  A   D   N   A   C U B
F R E E Z I N G   A   U
  D   D   A   S P E N D S
```

## 280

```
S I D E S   D I V U L G E
O   I   P   E   N   R
M   P A P   P I Q U E
E C L E C T I C   T   N
T   O   I   C   T E N T S
I M M U N I T Y   S   P
M   A   G   H O E   E
E   B   F O R E N S I C
S K I R T   R   R S   T
  I   O   A N G E L I C A
S N A G S   A   T C   T
  G   U   T   I L   O
E S S E N C E   C H E E R
```

## 281

```
D O W N P O U R   A L A S
E   O   A   N   A E   E
E V E R T   H O T S P O T
P   F   E   O   P   A
    U   R   L E D G E R S
B A L O N E Y   E   D   I
E   I       H   D   I D
C   S   T   A N Y T I M E
A N N O Y E D   D   N
L   A   O   R V   V
M A R C H E R   A B I D E
E   L   E   T   T   R
D E S K   G R E E N E R Y
```

## 282

```
C L A S S I F Y   A C H E
A   S   E   E   B O S
V O C A L   E X E M P T S
A   R   F   L   R   A
    D I V E R S I O N A R Y
P   B   M   H   W     I
A P E   P L E A T   H A S
N   L   A   H   A   T
D I S C O U R T E O U S
E   E   Y   B   T   E
M I D T E R M   E L E G Y
I   A   D   O   L   U E
C O N E   P O T T E R E D
```

347

## 283

```
WINDPIPE SALT
O O R R L R H
RINSE EPISODE
D P S F F S O
PULSE I E ERR
R U NEXUS E
O S T ECT I
 APRON A I
ERA T A TOPIC
S D I F E I A
SHUTOFF NATAL
O L N L C O L
ROTE REDEPLOY
```

## 284

```
FLAGRANT AFAR
A U E I A O E
MUSIC CEDILLA
E T E E V I B
 PREPOSTEROUS
S I T T N O
TRAGIC STALER
U O V I A B
DECONGESTANT
Y O I N I D A
IMPASSE OWING
N E T E U N E
GODS PRESAGES
```

## 285

```
FLAMENCO BALM
A U N U N U A
WORST T ALTOS
N A E O R O S
 PREFERENCE
BLT F O O U
RHINAL SWAMPS
I B I B M Y E
CORANGLAIS
K E I U N V F
BATON R DWELL
A T G R E T O
TWIG SYNDROME
```

## 286

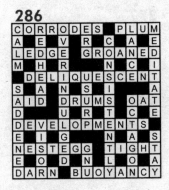

```
CORRODES PLUM
A E V R C A E
LEDGE GROANED
M H R N C I I
 DELIQUESCENT
SANS I A
AID DRUMS OAT
D U R T C E
DEVELOPMENTS
E I G N A S
NESTEGG TIGHT
E O D N L O A
DARN BUOYANCY
```

## 287

```
DOWNFALL URNS
E A R A M A I
NOVAE UNAIDED
Y E U N S I E
 PREDECESSORS
S E I H P H
MORTAR GROTTO
O N G O A W
TRANSCENDENT
H B L N U K E
EMOTIVE CRABS
R V P R E R P
SUES CANDIDLY
```

## 288

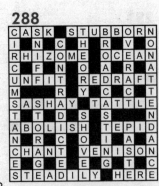

```
CASK STUBBORN
I N C H R V O
RHIZOME OCEAN
C F N O A R A
UNFIT REDRAFT
M R Y C C T
SASHAY TATTLE
T T D S S N
ABOLISH TEPID
N R C O I A A
CHANT VENISON
E G E E G T C
STEADILY HERE
```

## 289

```
S H R I N K   S   A   E
O   H       N O T I C I N G
C R Y     O   E   I   T
I   M O S C O W   D R I P
A   E   K   A   R   C
L I S T S   C R E A T E S
      W   O   D   I
O B L I Q U E   S N A R L
  I   L   T   S     R   O
L O K I   D I C T U M
  T   G   O   A     F I G
N I G H T O W L     U   E
  C   T   R   P O P L A R
```

## 290

```
S T E A D Y   P A R K E D
I   M   E   R   T   I   O
T O B A C C O   H   W   T
U   I   R   C O E X I S T
P I T H Y   K   I     E
S   T     A   S C A L D
    E   D E N I M   N
S P R E E   D     T   S
P   C   R   M O I S T
L I M P O P O   U   P   O
I   I   D   L U R C H E D
N   N   E   L   A   O   G
T A K E R S   P L E N T Y
```

## 291

```
E X P L O R E R   W E R E
R   R   V   V   D   X
R A I S E   E L E G I A C
S   Z   R   N   T   U
    E   D   T E N U O U S
E N S U R E S   I   R   I
V   A   C   N
E   S   W   G R A Z I N G
R O T U N D A   R   M
M   R   N   A   P   G
O P I N I O N   G R U E L
R   N   E   U   G   A
E R G O   S T R A I N E D
```

## 292

```
A N C H O R E D   I C E D
R   H   V   N   M   R   I
G L A R E   C H A M O I S
U   O   R   O   T   O   G
M A T U R E D   T A K E R
E   I   E   E   E   A
N E C T A R   T R O P I C
T   C   F   O   R   E
A L L O T   L I F T O F F
T   I   I   E   F   R   U
I M P R O V E   A V A I L
V   I   N   C   C   T   L
E N D S   T E R T I A R Y
```

## 293

```
C O M P A R E S   S T E P
U   I   R   X   H   O   A
T O N I C   P A Y R O L L
S   G   H   E   P   T   I
  P L A I N C L O T H E S
M   E   T   T   C   A
I N D E E D   P H A S E D
S   C   S   O   T   E
S H O R T C H A N G E D
P   L   U   A   D   E   A
E N D U R E D   R A P I D
N   E   E   E   I   L   D
D I R E   E S C A P E E S
```

## 294

```
L A P E L S   O B L O N G
O   R   E   C   L   G   L
C H I C A G O   E   L   A
K   S   K   N U M B E R S
E P O X Y   D   I     S
T   N     I   S A D L Y
    E   D U T C H   E
F A R C E   I   C   A
A   V   O   S H R E D
B U F F O O N   M   E D
L   E   T   E X A M P L E
E   A   E   R   I   R
D A R K E N   S T A T E S
```

## 295

```
  C O N S E C U T I V E
K U   U   U A   O   S
I T   B A S I L   G U M
L O B E S   T   K   U A
I   A   O   S T E E L
M A C H I S M O       L
A   K L     S   F   M
N     P A S T R A M I
J E W E L   N   A   I N
A   I   E   N   R I L E D
R A N   V A U N T   U   E
O   C   E   L   U   R D
  P H I L O S O P H E R
```

## 296

```
  E L E P H A N T I N E
N   I   A   L   U   O L
O A K   S H U T S   X   I
T   E   S   M     S T I N G
H A S T E   N   O   O   H
I     D I S C O U N T
N T   C     K   S   H
G A R G O Y L E       O
N   O   N   I   H A I K U
E R U P T   M   O   D   S
S   B   A M B I T   O D E
S   L   C   E   E L S
  F E A T U R E L E S S
```

## 297

```
D O N O R S   R   G   I
E   I     C H E E R I N G
T I P   A   S   A   J
A   P E O P L E   N O E S
C   E   E   N   U   C
H I D E S   U T I L I T Y
  T   I   S   A
R E T H I N K   B R I M S
  Y   E   S   S   N   O
D E A R   I M P A R T   F
  L   E   P   I   O U T
S E D A T I V E   N   E
  T   L   D   D E M E A N
```

## 298

```
I O N S   P R E A C H E R
M   E   O   H   P   O   E
P E R J U R Y   P R I S M
R   V   T   M   R   S   O
A V E R S   E L E C T O R
C     T   D   H   E   S
T A P E R S   M E D D L E
I   A   E   O   N     L
C U R A T O R   S T A K E
A   S   C   I   I   T   S
B U N C H   E N V I O U S
L   I   E   N   E   L   L
E X P E D I T E   C L A Y
```

## 299

```
V I S I T S   P R E S E T
I   C   O   C   E   A   R
S C H E R Z O   D   G   A
A   E   U   N E R V O U S
G A M E S   S   E     H
E   I   N   T   S T R A Y
  N   S K I P S   E
S O G G Y   T     T   C
E     M   U   F L A R E
R E L A P S E   U   I   A
V   O   T   N U Z Z L E S
E   S   O   T   Z   E   E
D R E A M Y   H Y B R I D
```

## 300

```
  B   T   J   T R U C K S
C O R O N A R Y   H   Y
  D   I   V   P   A D D
M I L L   E J E C T S   N
  C   S   L   D   E   E
D E P O S I T   R A S P Y
    M   N   S   D
C U B E D   S T U D I E S
A   O   P   O   I   X
C   W A L L O P   C O O T
H E M   U   G   T   D
E   A   G R A T E F U L
T E N N I S   P   D   S
```